Geldmeisterinnen

Der Weg zur finanziellen Unabhängigkeit für Frauen –

investieren, sparen, Vermögen aufbauen

Johanna von Roggendorff

Johanna von Roggendorff
Großer Hillen 26
30559 Hannover
Alle Rechte vorbehalten.

1 Auflage 2024

Copyright © 2024

Autorenfoto: Sebastian Fesser unter Nutzung von copilot

ISBN: 9798342957717
Independently published

Die Deutsche Nationalbibliothek verzeichnet diese Publikation in der Deutschen Nationalbibliografie; detaillierte bibliografische Daten sind im Internet unter https://dnd.d-nb.de abrufbar.

WIDMUNG

Dieses Buch ist allen Frauen gewidmet, die den Weg des Investierens wagen. Ladys, es kommt auf den Mut zur Veränderung an. Gemeinsam können wir in der Finanzwelt viel bewegen und den Kerlen zeigen, dass wir mehr können, als nur hübsch auszusehen! Selbst ist die Frau! ;-)

INHALT

Einleitung 1

Wie ist Ihre Einstellung zum Geld? 3

Frauen und Finanzen - Warum ist das Thema so wichtig? 6

    DARUM SOLLTEST DU DEINE FINANZEN SELBST IN DIE HAND NEHMEN 7

        Definition von Geld 7

Die Grundbedürfnisse eines jeden Menschen 9

    1. Das Bedürfnis nach Sicherung und Komfort *9*

    2. Die Notwendigkeit von Unsicherheit und Vielfalt *10*

    3. Das Bedürfnis nach Wertschätzung *10*

    4. Das Bedürfnis nach Gefühlen und Verbindung *11*

    5. Die Notwendigkeit von Wachstum und Entwicklung *11*

    6. Die Obliegenheit zu geben *12*

    Zusammenfassend: *18*

    Eigenständige Existenzsicherung für Frauen *19*

    Balance zwischen Beruf und Betreuung finden *21*

8 Schritte zu wahrer finanzieller Freiheit 24

    1. Entscheidungen: *24*

    2. Schuldenabbau: *24*

    3. Sparen und Investitionskapitalbildung: *25*

    Das Folgende ist sehr wichtig: *25*

    4. Investitionen: *26*

    5. Der Wendepunkt: *26*

6. Finanzielle Unabhängigkeit: 27

7. Immer weiter investieren: 28

8. Die finanzielle Freiheit: 29

Zusammenfassend: 29

Die 9 Besonderheiten erfolgreicher Business-Frauen 30

Frauen und ihre Geldanlagen 36

Frauen bevorzugen sichere Geldanlagen 37

Schlussfolgerung 40

Spar- und Anlageverhalten (FAQ) 41

Welche Fehler machen Frauen oft? 41

Sollten Frauen über eigenes Eigentum verfügen? 42

Brauchen Frauen einen anderen Ansatz für Anlagemöglichkeiten? 42

Was tun, wenn Geld knapp ist? 43

Wie lange wird der Rückgang der Zinssätze anhalten und was wird folgen? 43

Brauchen Frauen andere Produkte? 43

Was ist empfehlenswert, wenn Du langfristig sparen willst? 44

Können Frauen mit 50 oder 60 immer noch Vorsichtsmaßnahmen ergreifen? 44

Ein Haushaltsbuch führen 45

Die Analyse 46

Die Küche 46

Das Wohnzimmer 48

Das Badezimmer 50

Übernimm die Kontrolle 57

Nutze Vergleichsportale 58

Weitere Einsparmaßnahmen 60

Karten *60*

Vergleichsportale *60*

Ausmisten und Verkaufen *61*

Online Verkauf *61*

Der Flohmarkt *61*

Saisonaler Einkauf *62*

Ratenzahlung *62*

Nicht alle zwei Tage Einkaufen *63*

Essen und Trinken „To Go" *63*

Selber kochen *63*

Qualität *64*

Onlinepreis *64*

Geld nur bei der eigenen Bank abheben *65*

Ausleihen *65*

Arme Menschen haben zu unrealistische Ziele *67*

Arme Menschen haben limitierende Glaubenssätze vom Leben und Geld *69*

Erfolglose Menschen versuchen das Rad neu zu erfinden *70*

Arme Menschen sind im Geschäft schlecht *71*

Erfolglose Menschen werden von der Angst kontrolliert *71*

ARME MENSCHEN KENNEN SICH MIT „VERKAUF", „MARKETING" UND „ÜBERZEUGUNG" NICHT AUS 73

Die Warteschlange *74*

Setze Geld in den richtigen Rentenplan *75*

Automatisiere Dein Girokonto *75*

Früh beginnen *77*

Automatisieren *77*

Maximiere Deine Beträge *78*

Wie Du richtig viel Geld sparen kannst *79*
Treffe keine finanziellen Entscheidungen nach einem anstrengenden Arbeitstag *79*
Das Budget ist wichtig *80*
Lobe Dich für Deine Bemühungen *80*
Bist Du bereit reich zu werden? *81*
Spar Tipp #1: Kenne Deine Ausgaben *85*
Spar Tipp #2: Tagesgeld als Alternative für die Notreserve ansehen *86*
Spar Tipp #3: Die 5-Euro-Spardose *87*
Spar Tipp #4: Verstehe die Grundlagen von diversen Investitionen *88*
Spar Tipp #5: oft selbst kochen *89*
Spar Tipp #6: Wöchentliches Einkaufen und Preise pro Kilo beachten .. *90*
Spar Tipp #7: gebrauchte Gegenstände, B-Ware, Ausstellungsstücke *91*
Spar Tipp #8: Sport an der frischen Luft *92*
Spar Tipp #9: Bücher, Zeitschriften und Wissensaneignung *93*
Spar Tipp #10: Verkaufe Krempel, den Du nicht mehr brauchst *94*
Fazit *95*

Haftungsausschluss 96

Urheberrecht 97

Impressum 98

BUCHTITEL

DANKSAGUNG

Vielen Dank an Sebastian Fesser und Mareike Gibel, die mir mit diesem Buch sehr geholfen haben.

Einleitung

Ihr großes Ziel ist die finanzielle Unabhängigkeit. Sie wollen unabhängig werden von

- irgendwelchen äußeren Umständen (glücklich oder unglücklich), die in der Zukunft auftreten können;
- Ihrer zu geringen Altersrente;
- einem Mann oder
- anderen finanziellen „Spritzen" von anderen Mitmenschen.

Sie wollen eine gute Altersvorsorge aufbauen, die Sie davor bewahrt, im Alter in die Armutsfalle zu geraten? Finanzielle Unabhängigkeit gibt Ihnen die Freiheit, Ihr Leben selbst zu bestimmen. Um dies zu erreichen und um Ihr Geld intelligent und erfolgreich anzulegen, müssen Sie sich zunächst zwei Schlüsselfragen stellen:

1. **Wo stehe ich heute finanziell und persönlich?**
2. **Was sind meine finanziellen Ziele für die Zukunft?**

In diesem Buch werden wir uns mit den beiden Fragen befassen.

Ziel ist es, Ihnen ein klares Bild Ihrer aktuellen finanziellen Situation zu vermitteln. Nur dann können Sie feststellen, welche Aufgaben Sie noch zu erledigen haben, um Ihr Ziel zu erreichen.

Es geht nicht nur darum, Ihren Cash-Flow zu überprüfen - also Ihre Geldbewegungen auf Ihrem Konto und in Ihrem Portfolio -, sondern auch Ihre innere Einstellung zu Finanzen. Es geht darum, sich nach Ihrer persönlichen Einstellung zu Geld im Allgemeinen und Investitionen im Besonderen zu fragen. Denn, wie wir wissen, handeln wir nach unserer individuellen Denkweise.

> **„Wir sind, was wir denken. Alles, was wir sind, entsteht aus unseren Gedanken. Mit unseren Gedanken formen wir die Welt."**
>
> **- Buddha –**

In diesem Zusammenhang gibt es ein paar grundlegende Fragen, die Sie sich selbst beantworten müssen. Um ein möglichst realistisches Ergebnis zu erzielen, ist es notwendig, wirklich ehrlich und aufrichtig mit sich selbst zu sein.

Es ist wichtig, Ihren Status oder Ihre aktuelle Situation zu erfassen. Denn nur wenn Sie Ihren Ausgangspunkt kennen, können Sie die richtigen Schrauben bestimmen, an denen Sie im nächsten Schritt drehen müssen. Was ist Ihnen wichtig? Genau. Sie möchten das für Sie bestmögliche Ergebnis erzielen. Sie können mit dieser Situation vergleichen: Sie möchten abends ein köstliches Menü zubereiten.

Aber dazu müssen Sie zunächst wissen, welche Lebensmittel Sie zu Hause haben. Anschließend brauchen Sie eine Liste, welche Zutaten Sie für Ihr Menü aus dem Supermarkt benötigen. Sonst wird es nicht funktionieren.

Ihre Johanna von Roggendorff

Wie ist Ihre Einstellung zum Geld?

Genießen Sie abends oder am Wochenende eine ruhige Stunde, in der Sie ungestört sind und beantworten Sie die folgenden Fragen für sich selbst:

Wie denken Sie über Geld?

- Ist dies für Sie nur ein Mittel zum Zweck? Auf welche Weise?
- Ist es für Sie ein wichtiger Teil Ihres Lebens? Warum ist es für Sie wichtig?
- Spielt das Geld für Sie eine Rolle? Wie manifestieren Sie es für sich?

Was bedeutet Geld für Sie?

- Ist das Geld von hoher oder eher geringer Bedeutung? Wie bewerten Sie die Bedeutung von Geld für Sie auf einer Skala von 0 bis 10 (0 = nicht wichtig)? Wie manifestieren Sie Geld in Ihrem täglichen Leben?

Sprechen Sie über Geld?

- Sprechen Sie über Geld im Allgemeinen oder ist es ein Thema, das Sie keineswegs interessiert?
- Wie oft sprechen Sie über Geld? Mit wem sprechen Sie darüber?

- Wie sprechen Sie über Geld? Positiv oder eher negativ?
- Schämen Sie sich, über Geld zu sprechen?
- Haben Sie Angst vor Investitionen wie Aktien oder anderen Geldanlagen?
- Auf einer Skala von 0 bis 10 (0 = viel Angst), wie viel Angst haben Sie?

Sind Sie bereit, Risiken einzugehen?

- Wie risikobereit wären Sie auf einer Skala von 1 bis 10 (1 = wenig risikofreudig)? Warum denken Sie so?
- Wie wichtig ist Geld in Ihrer Familie?
- Ist Ihre Einstellung zu Geld anders als be Ihrer Familie oder ähnlich wie die Ihrer Familie?
- Sind Sie bereit, sich mehr um Ihre Finanzen zu kümmern und ein kleines Vermögen aufzubauen, um finanziell unabhängig zu werden?
- Was sind Ihre Gründe dafür, Risiken einzugehen? Was sollten Sie ändern, um Ihre Bereitschaft zu erhöhen?
- Wie viel sind Sie bereits bereit zu investieren, um Ihr Ziel der finanziellen Unabhängigkeit zu erreichen?
- Wie viel Zeit würden Sie pro Woche dafür aufwenden, ein Risiko für die gewünschten Geldanlagen einzugehen?

- Inwieweit würden Sie Ihren Konsum einschränken? Worauf würden Sie von nun an gern verzichten oder verzichten können?
- Würden Sie Ihre Einstellung zu bestimmten Dingen ändern? Und würden Sie einige Ihrer Handlungen ändern? Was wäre das? Was ist Ihre Meinung über reiche Leute?
- Sind Sie eher neidisch oder inspirieren sie Sie als Vorbild? Warum ist das so?

Machen Sie ein „Psychospiel":

- Fragen Sie sich: Wie würde Ihr Leben aussehen, wenn Geld kein Thema wäre? Was unternehmen Sie dagegen? Welche Ziele würden Sie für sich selbst erreichen? Denken Sie eher langfristig oder kurzfristig!
- Planen Sie gerne im Voraus oder machen Sie viele Dinge spontan? Wie verwalten Sie Ihr Geld in dieser Hinsicht? Planen Sie genau oder neigen Sie eher zu Spontankäufen?

Wenn Sie alle diese Fragen ausführlich und ehrlich beantwortet haben, werden Sie einen guten Eindruck von Ihrer inneren Einstellung zum Geld haben, ob Sie bewusst oder ob Sie unbewusst handeln. Die Fragen werden Ihnen zudem behilflich sein zu erkennen, ob Sie ein ängstlicher Typ sind, wenn es um das Thema Geld geht oder ob Sie bereit sind, Risiken einzugehen.

Sie werden sodann wissen, ob Geld für Sie im Leben wichtig ist oder ob es für Sie nicht wichtig ist, weil es nur ein Mittel zum Zweck ist. Lesen Sie Ihre Antworten nochmals durch und fragen Sie sich, ob bestimmte Eigenschaften und Einstellungen wirklich eine gute Voraussetzung sind, um erfolgreich Kapital gewinnbringend anzulegen.

Frauen und Finanzen - Warum ist das Thema so wichtig?

Denn noch immer leben zu viele Frauen in finanzieller Abhängigkeit und sind ernsthaft von Altersarmut bedroht. Frauen und Finanzen ist kein Trend-Thema, sondern eine gesellschaftliche Aufgabe, die angegangen werden muss. Es gibt genug zu tun.

Immerhin erhielten Frauen im Jahr 2016 eine durchschnittliche monatliche Rente von 815 EUR, das sind etwa 21 % weniger als Männer. Nur 9,5 % der Frauen in Deutschland halten derzeit Aktien und Wertpapiere in ihren Portfolios. Das sind fast 12 % weniger als bei Männern.

Dieser Anteil nimmt aber vermehrt ab. Darüber hinaus sparen Frauen weniger Geld als Männer.

Darum sollten Sie Ihre Finanzen selbst in die Hand nehmen

Geld wird benötigt, um individuelle Ansprüche und Lebensträume zu verwirklichen. Wenn Sie die Kontrolle über Ihre Finanzen übernehmen und sich im Gegenzug in Finanzfragen auskennen, machen Sie den ersten Schritt zur finanziellen Freiheit. Sie kommen Ihren Lebenszielen immer näher.

Definition von Geld

Haben Sie sich jemals darüber Gedanken gemacht, was Geld wirklich für Sie bedeutet? Insbesondere wer ganz ehrlich zu sich selbst ist, geht es beim Thema Geld nicht darum, so viel wie möglich anzuhäufen. Es geht vielmehr darum, die Gefühle zu empfinden, wenn wir nur an Geld denken. Diese können für jede Person unterschiedlich sein:

Macht: Geld gibt uns ein Gefühl von Macht. Wenn wir genug haben, können wir unser Leben selbst in die Hand nehmen.

Sicherheit: Geld gibt uns Sicherheit und Freiheit.

Hilfe: Mit Geld können wir unseren Mitmenschen helfen.

Freiheit: Mit genug Geld kann jeder selbst entscheiden, was man damit tun kann oder nicht.

Ziele: Geld ist ein Mittel, um seine Träume und Lebensziele zu erreichen.

Was ist Ihre persönliche Verbindung zu Geld? Beispiele sind:

- Autarkie
- Eigenständigkeit
- finanzielle Sicherheit oder
- Selbstverwaltung

Eines steht fest: Ihre Lebensqualität erhöht sich, wenn Sie sich selbstständig um Ihre Finanzen kümmern.

Was, wenn Geld keine Rolle mehr für Sie spielt? Was, wenn Sie so weit sind, dass Sie keine Sorgen mehr haben, ob Sie am Ende des Monats all Ihre Rechnungen ausgleichen können und ob das Geld bisher für ein angemessenes Leben im Alter ausreicht? Wie wäre es, wenn Sie nicht mehr täglich zur Arbeit gehen müssten, um monatlich ausreichend Geld zu verdienen, was Sie benötigen? Was wäre, wenn Sie lernen können, wie Sie reich werden und für immer bleiben können?

Mit der Zeit hätten Sie ausreichend Zeit, sich um Ihre Lebenswünsche Gedanken zu machen und schrittweise zu erfüllen. Ihnen stehen sehr viele Möglichkeiten offen wie auch beispielsweise die eigenen Kinder aufwachsen zu sehen, damit man sie aktiv auf dem Lebensweg begleiten kann. Darüber hinaus hätten auch Sie die gewünschte Freiheit, in den Urlaub zu fahren und die Welt aus verschiedenen Blickwinkeln zu entdecken. Geld ist schon eine sehr emotionale Verbindung. Mit finanzieller Unabhängigkeit und Freiheit kommen Sie Ihren Lebensträumen stets einen Schritt näher.

Die Grundbedürfnisse eines jeden Menschen

Wir verfolgen in unserem Leben verschiedene Ziele, welche für jedermann mit abschätzbaren Handlungen und ziemlich persönlichen Gefühlen verbunden sind. Allerdings gibt es in diesem Fall einen kollektiven Nenner: Die Auslöser der menschlichen Aktivitäten und Gefühle sind grundsätzliche Bedürfnisse, die wir mit allen Mitmenschen teilen. Sie arbeiten in einer latenten Dimension und sind daher eine besonders starke Motivation.

Psychologische Experten differenzieren sechs Grundbedürfnisse, die jeder Mensch anstrebt:

Das Bedürfnis nach Sicherung und Komfort

Das Bedürfnis nach Sicherung und Komfort ist ein ganz grundlegender Traum, auf dem meist das ganze Leben aufgebaut ist. Wir wollen in der Lage sein, unsere Angelegenheiten zu kontrollieren, zu verstehen, was anschließend passiert und was wir in Zukunft erwarten können. Wir wollen uns wohl fühlen und Leiden oder Stress vermeiden. Das Ausmaß dieser Notwendigkeit bestimmt, welche Gefahren eingegangen werden oder welche sogar vermieden werden können. Menschen, die einen starken Sicherheitsbedürfnis aufweisen, werden riskieren, Gefahren so umfassend wie möglich auszuschalten. In diesem Zusammenhang ist Geld in erster Linie gleichbedeutend mit finanzieller Grundsicherung.

Sie zahlt für Unterkunft, Nahrung und Kleidung. Tatsächlich geht es primär nicht um die Frage der Qualität der erworbenen Dinge, sondern lediglich um die grundlegenden täglichen Bedürfnisse. Wenn sie jedoch mehr Geld haben, können sie zudem mehr finanzielle Sicherheitsmittel für Sicherung und Komfort benutzen.

Die Notwendigkeit von Unsicherheit und Vielfalt

Trotz all unserer Bemühungen um Sicherheit müssen wir nicht unser Leben nur in etablierten Routinen verbringen. Die Menschen bemühen sich, Unsicherheit und Vielfalt in das gewünschte Leben zu vereinen. Sie sind dabei behilflich, Herausforderungen, aber auch Hindernisse zu überwinden. Ohne derartige Notwendigkeit der Variabilität wäre niemand dazu in der Lage, Charakter oder persönliche Belastbarkeit zu entwickeln. Auch Geld spielt eine Schlüsselrolle beim Erfüllen der Grundbedürfnisse: Wer beispielsweise sein Leben mithilfe von Urlaub und Entspannung wechselhaft gestalten möchte, braucht entsprechende finanzielle Mittel.

Das Bedürfnis nach Wertschätzung

Das Bedürfnis nach Wertschätzung ist eine der stärksten Motivationen. Wir wollen uns bedeutend, einzigartig und interessant fühlen, um eine eigene Identität zu schaffen und diese anderen Mitmenschen vorzustellen. Es gibt viele verschiedene Facetten, wie dieser Bedarf gedeckt werden kann. Der eine will bei seinen Freunden anerkannt werden und der nächste kann die Möglichkeit ergreifen, eine Berühmtheit zu

werden. Soziale Medien zeigen unter anderem, was die Menschen tun, um ihre Bedeutung durch ihren Geschmack auf Facebook oder eine große Follower-Gemeinschaft auf Twitter zu erhöhen. In extremen Fällen wenden Menschen auch Provokation und Gewalt an, um von anderen Mitmenschen wahrgenommen zu werden. Wer Geld hat, hat auch Macht. Darüber hinaus sind Fahrzeuge, Eigentümer oder Luxuskleidung ein bestbewährtes Mittel, um Beachtung zu erregen und damit an Bedeutung zu gewinnen. Ein ausreichender Geldbetrag ermöglicht es aber auch, persönliche Lebensträume zu verwirklichen.

Das Bedürfnis nach Gefühlen und Verbindung

Jeder Mensch gilt als ein soziales Wesen, das nach Liebe und Bindungen sucht. Es wäre wundervoll, wenn es die Möglichkeit dazu gibt, eine liebevolle Familie zu haben oder wenigstens Freunde zu haben, in denen man integriert werden kann. In anderen Fällen wird dieser Wunsch hauptsächlich durch Hunde, Katzen oder andere Tiere befriedigt. Es ist offensichtlich, dass sich ihre Werte im Laufe der Zeit verändert haben. Heute liegt der Schwerpunkt auf dem Wunsch nach Sicherheit und Zugehörigkeit, den sie bereit sind zu übernehmen und für den sie Verantwortung übernehmen wollen. Was das Geld anbelangt, so besteht eines der Ziele darin, die individuellen Sozialbeziehungen durch ausreichende materielle Basis zu sichern. Schließlich ist der Wunsch nach Gefühlen und Verbindung eng mit den Sicherungsbedürfnissen und Komfortansprüchen verbunden.

Die Notwendigkeit von Wachstum und Entwicklung

Zu den Grundbedürfnissen gehört ebenfalls, dass wir wachsen, uns entwickeln und im Leben mehr erreichen, als was wir bisher erreicht hatten. In diesem Zusammenhang macht hier Geld einen enormen Unterschied aus: Stellen Sie sich selbst einmal vor, Sie hätten genug Geld und Bedenken, um eine Aus- und / oder Weiterbildung zu fördern, die Sie sich vorher noch nicht einmal in Träumen hätte leisten können, die aber im Gegensatz dazu ein wichtiger Schritt zur Erreichung der persönlichen Wachstumsinteressen und Lebensziele ist. Vielleicht wollen Sie dann Ihr eigenes Unternehmen gründen, was natürlich auch viel einfacher ist oder in größerem Umfang mitsamt einem angenehmen finanziellen Polster arbeitet.

Die Obliegenheit zu geben

Hinter dieser Obliegenheit verbirgt sich der Wunsch, zu eine bestimmte Sache etwas beizutragen, was zum einen größer und zum anderen bedeutender ist als wir als Mensch selbst. Es liegt bei uns in der Natur unseren Mitmenschen zu helfen und einen Mehrwert im Leben schaffen. Wenn es keine Möglichkeit gibt, genau das Bedürfnis zu befriedigen, kann tiefes Unglück entstehen. Auch dann, wenn scheinbar alles vorhanden und möglich erscheint, was ein für ein sorgenfreies Leben gebraucht wird. In der Form, wie das Geben und Nehmen gehandhabt ist, ist von Person zu Person verschieden. Wir können unsere Freunde und Familienmitglieder mit emotionaler Unterstützung oder finanziellen Mitteln unterstützen. Möglicherweise spenden wir eine bestimmte Summe oder zeigen unser Engagement an einem öffentlichen Tisch und helfen so, das Leben für Bedürftige sicherer zu machen. So oder so, wir wollen das, was wir haben, mit anderen teilen. Um effektiv zu spenden, ist Geld natürlich nützlich.

Pläne für die Zukunft

Frauen, die nicht nur durch bezahlte Arbeit sich selbst, sondern selbst die komplette Familie oder als Alleinstehende die Kinder unterstützen muss, stehen für verschiedene Prozesse des sozialen Wandels in den letzten Jahren und Jahrzehnten:

(a) Einerseits sind schulische und berufliche Qualifikationen sowie eine steigende Zahl von Frauen in Westdeutschland und ein immer noch hohes Niveau der Berufsberatung in Ostdeutschland Bestandteil einer zustimmenden Entwicklung. Dank der Emanzipationsbewegungen der Frauen können sie heute mehr denn je wirtschaftlich unabhängig sein. Mit einer bezahlbaren qualifizierten Beschäftigung klettert die Wahrscheinlichkeit hinauf, dass die Frauen das Haupteinkommen aus der Familie allein nach Hause bringen können.

(b) Andererseits gibt es den Wandel in der Art der bezahlten

Beschäftigung, bei der es zum Druck auf die Männer kommt, die sich auf dem Arbeitsmarkt erhöht. Zeitarbeit, befristete Beschäftigung, niedrige Löhne und unerwünschte Teilzeitarbeit sind schuld daran, dass genug Männer die Alleinverdiener-Rolle nicht (oder kaum) erfüllen können. Es kommt letztendlich zur Arbeitslosigkeit. Oder der Mann verdient nicht genug, um seine Familie zu ernähren.

Dies ist ein weiterer Grund, warum die Einkommensbedeutung von Frauen im Kern der Familie zunimmt. Wenn Männer die Familie nicht ernähren können, müssen Frauen ihr Einkommen auf kurzer oder langfristiger Sicht zur Unterstützung einsetzen. Jede Frau kann im Laufe ihres Lebens zur „Ernährerin" werden. Und dies geschieht immer häufiger - meistens unerwartet.

Bereits in einem von fünf Haushalten, in denen mehr als eine Person erwerbstätig ist, erwirtschaften Frauen als Alleinerziehende oder Partnerinnen das Familieneinkommen allein oder überwiegend. Es steht fest, dass sie mindestens 60 % des Haushaltseinkommens einbringen. Es gibt ein deutliches Ost-West-Gefälle: Innerhalb des Jahres 2018 wurde im Osten 15 % der verheirateten Paare von einer Frau wirtschaftlich unterstützt, wohingegen es in den alten Bundesländern 9 % waren. So weit, so gut oder etwa nicht? Leider ist dies nicht der Fall. Denn es liegt auch auf der Hand, dass Frauen ihre Familien unter anderen Bedingungen ernähren müssen als Männer - aus verschiedenen Gründen:

Auf dem Arbeitsmarkt

Minijobs, Niedriglöhne in frauendominierten Branchen und Berufen, mehrfache und oft zwangsläufige Teilzeitarbeit, ihre Unterrepräsentierung in führenden Positionen, große Laufbahnunterbrechungen aus familiären Gründen und ein immer noch großes Lohngefälle in Deutschland - das sind Beispiele für die Kritiken als Benachteiligung auf dem Arbeitsmarkt im Hinblick auf die Frauen und deren Entlohnungsmöglichkeiten.

Vor allem im Sozial-, Gesundheits- und Bildungsbereich oder im Einzelhandel gibt es Arbeitsverhältnisse, die auf ein Zusatzeinkommen ausgelegt sind, vor allem auf Frauen, die eine kleine Ergänzung zu ihrem Einkommen leisten. Sie garantieren weder den Lebensunterhalt, noch stellen sie einen Familienlohn dar. Es ist deshalb nicht überraschend, dass die Haushalte, in denen die Frauen mit einem Einkommen unterstützen, sich meist in einer viel schlechteren finanziellen Situation befinden als die Haushalte, in denen der Ernährer ein Mann ist. Während der Mann im Allgemeinen über ein Nettoeinkommen pro Monat von über 1.600 Euro verfügt, verdienen etwa ein Drittel der Frauen mit einem Haupteinkommen nur minimal 900 Euro netto monatlich.

Obwohl in Haushalten, in denen der Unterhaltspflichtige versichert ist, gelingt es den Frauen nicht, eine gleichwertige finanzielle Absicherung ihrer Familien zu erreichen.

Parallel dazu stellt die unmittelbare Sozial- und Arbeitsmarktpolitik widersprüchliche Ansprüche und Anreize an die Frauenbeschäftigung und ignoriert die Situation, dass Frauen selbst in der Lage sein können, während ihres gesamten Lebens wirtschaftliche Verantwortung zu übernehmen.

Die Widersprüche zeigen sich auch in familienrechtlichen und sozialrechtlichen Situationen: Ist der Partner arbeitslos, muss die Frau plötzlich voll auf dem Arbeitsmarkt zur Verfügung stehen, um den

Haushalt in Gang zu halten.

Oftmals werden solche Frauen in Berufe vermittelt, die ihnen keine Existenzgrundlage bieten, um ihre Notlage so schnell wie möglich zu lindern.

Selbst nach einer Ehe, die gescheitert ist, sind Frauen nach dem neuen Unterhaltsgesetz seit 2008 vom Staat weitgehend verpflichtet, durch eine bezahlte Beschäftigung für ihren eigenen Lebensunterhalt zu sorgen. Darüber hinaus haben sie kaum Anspruch auf eine finanzielle Absicherung ihrer ehemaligen Ehepartner. Was in einer Lebensphase als Antrieb gesetzt wurde, hat letztlich in anderen Lebensphasen eine negative Wirkung auf die Berufsaussichten sowie auf den Arbeitsmarktchancen für Frauen. Das ansteigende Phänomen der weiblichen Frauen zeigt deutlich, dass die Frauen von heute kein zusätzliches Einkommen zu dem der Männer verdienen, sondern dass sie selbst einen existentiellen und unabdingbaren Beitrag zum Einkommen leisten. In zunehmendem Maße wird es im Lebenslauf von Frauen Entwicklungsmöglichkeiten geben, in denen die finanzielle Sicherheit der Familie gewährleistet ist.

Bei der Arbeit

Im täglichen Leben sind Frauen häufig mit nicht familienfreundlichen Arbeitsbedingungen konfrontiert. Darunter zählen hochflexible und von außen bestimmten Anforderungen an Arbeitszeit und Arbeitsort wie Schichtarbeit, Nacht- und Wochenendarbeit, mobile Dienste und Branchenwechsel.

Diese Gruppe von Frauen ist von mangelnder Planung und geringer Beteiligung im Unternehmen betroffen, was teilweise auf die Rücksichtslosigkeit des Unternehmens in Bezug auf die Sozialarbeit zurückzuführen ist. Die ansteigenden Ansprüche der Arbeitswelt müssen im Zusammenhang mit der wachsenden Zahl von Frauenhaushalten negativ betrachtet werden.

Viele Frauen befinden sich an der Grenze ihrer Gesundheit. Aufgrund ihrer schlechten Arbeitsbedingungen sehen sie sich...

- lebenslangen Planungs- und Gestaltungsunsicherheiten,
- einem ständigen Mangel an gemeinsamen Normen der Normalität,
- einem Mangel an gesetzlichen Rechten und
- einem enormen Mangel an Handlungsautonomie ausgesetzt.

Darüber hinaus führt das oft noch unzureichende Angebot an Kindertagesstätten und Schulen, insbesondere in ländlichen Gebieten, zu Engpässen, Zeitdruck und Unverträglichkeiten. Zwar gibt es Kinderbetreuungsdienste, doch können diese wenig mit den flexibleren Ansprüchen der Arbeitswelt mithalten.

Oft sind Frauen aufgrund fehlender Krippenplätze, ungeeigneter Öffnungszeiten oder unmöglichen Kinderbetreuungsregelungen dazu gezwungen, in Teilzeit bei der Arbeit zu funktionieren oder atypische Arbeitszeiten in den Nachtstunden, an den Wochenenden und sogar an Feiertagen zu akzeptieren, wer eine familienfreundliche Arbeit haben möchte. Für Frauen, die sich in den Kopf gesetzt haben, die eigene Familie zu unterstützen (zu müssen), gilt die zentrale Bestimmung für die Vereinbarkeit von Arbeit und Betreuung. Ein unbefristetes Arbeitsverhältnis mit den implizierten Funktionen der sozialen Sicherheit wäre für jede Frau wünschenswert. Ferner ignoriert das normale Arbeitsverhältnis den Aspekt, dass jeder Mensch Ruhezeiten und Regeneration braucht und dass er im Laufe seines Lebens für die Betreuung anderer Menschen, seien es die Kinder oder pflegebedürftige Menschen, verantwortlich ist. Gerade bei Frauen wird deutlich, was für jeden Arbeitnehmer gilt und was je nach Lebensphase manchmal mehr oder weniger ausgeprägt ist: die grundlegende Wechselwirkung zwischen Berufs- und Privatbereich und deren gegenseitige

Abhängigkeit.

Im Eigenheim

Entgegen des immer weiter anwachsenden Anteiles von Frauenhaushalten sind hierbei traditionelle Geschlechterrollen sowie eine gerechte Aufteilung der Haus- und Pflegearbeit zu beobachten.

Da nun die Frauen in erster Linie für die wirtschaftliche Absicherung verantwortlich sind, machen sie demnach noch immer den Großteil der Haus- und Pflegearbeit zu Hause. Eine Umkehrung der Rollen zwischen beiden Eheleuten, bei der der Mann sich um Haus und Kinder sorgt, während die Mama, die Frau das Geld verdient, findet in den meisten Fällen nicht statt. Im Gegensatz zu den Ernährern wird die Mehrheit der Frauen von ihren Partnern nicht von unbezahlter Arbeit entlastet, was zu einer enormen Doppelbelastung im täglichen Leben führt.

In anderen Paarkonstellationen sind die Partner von Frauen jedoch im Durchschnitt stärker im Haushalt und mit Kindern involviert als Männer. Traditionelle männliche und weibliche Rollenmodelle behindern den Alltag der Frauen erheblich. Es sind nur langsam einige Veränderungen feststellbar. Der Ausgleich des männlichen Ernährers und der Frau, die nicht arbeitet oder kein zusätzliches Einkommen erzielt sowie die damit verbundenen Geschlechterrollenstereotypen prägen nach wie vor das Verhalten mehrerer Menschen.

Infolgedessen sehen sich Frauen in ihrem privaten und / oder beruflichen Umfeld oft mit Erwartungen an Dritte konfrontiert, die sie schwerwiegend oder kaum erfüllen können wie, wenn die Pädagogen erwarten, dass man bei jedem Freizeittermin anwesend sein muss. Auch in den Köpfen der Frauen selbst herrschen traditionelle Rollenvorstellungen. Etliche Frauen haben den Wunsch nach einer Beschäftigungskonstellation gemeinsam mit ihrem Partner.

Während Frauen in Westdeutschland, die die Haupterwerbstätigen sind, die Rolle des Ernährers oder Lohnempfängers und der Mutter kleiner Kinder in der Regel als schwierig empfinden, sind Frauen in Ostdeutschland weniger mit Rollenkonflikten konfrontiert. Fest steht, dass sich viele Männer in den neuen Bundesländern an dem bereits in der DDR geltenden Modell der Doppelbeschäftigung orientieren möchten und dass ihnen weniger die Rolle der berufstätigen Mama und Frau am Herzen liegt als vielmehr die alleinige finanzielle Verantwortung der Familie. Frauen sind sich zunehmend ihrer wirtschaftlichen Verantwortung für die Familie bewusst. Beispielsweise sagen heutzutage viele Frauen über sich, welche sich wieder in den Beruf eingefunden haben, dass ein Grund für die Arbeitsaufnahme die finanzielle Sicherheit sei. Die Tatsache, dass die Frau der Ernährer ist, ist auch für den Partner keine einfache Situation. Viele Männer, die nicht ganz freiwillig aus der Rolle des Ernährers ausscheiden, sehen in der neuen Konstellation von Jobs mit nur einem Ernährer im Haushalt befindlich weniger eine Chance für eine alternative Lebensplanung, die sich nicht ausschließlich für eine Erwerbstätigkeit eignet, sondern eher eine Abwertung ihrer Männlichkeit.

Zusammenfassend:

Die Realität hierzulande zeigt: Immer mehr Frauen gehen arbeiten oder wieder arbeiten und bringen somit das Geld nach Hause. Und jetzt? Bislang waren Konstellationen mit Frauen als Hauptverdienerinnen kein erwünschtes Modell.

Dies ist angesichts der Arbeits- und Lebensbedingungen nicht überraschend. Es kommt zu beschränkt vor, dass die Frauen sich im Mittelpunkt der medialen und politischen Aufmerksamkeit stehen. Das ist schade, denn sie bieten eine einzigartige

Gelegenheit, einen frischen und fokussierten Blick auf aktuell gleichstellungspolitische Lücken und künftig gleichstellungspolitische Erfordernisse zu werfen und entsprechende Maßnahmen zu ergreifen. Es ist unerlässlich, Frauen als ein neues und wichtiges Thema in der Gleichstellungspolitik anzusprechen.

BUCHTITEL

Eigenständige Existenzsicherung für Frauen

Was in Deutschland generell für Frauen gilt, betrifft Frauen und ihre Familien in besonderem Maße: Erwerbsarbeit zum Lebensunterhalt ist nicht maßgeblich. Nichtsdestotrotz ist die Frauensituation auf dem Arbeitsmarkt gekennzeichnet durch Beschäftigungsverhältnisse,

- die über das normale Arbeitsverhältnis hinausgehen,
- niedrige Bezahlung und
- lange Laufbahnunterbrechungen aus familiären Gründen,

die ihnen den Wiedereinstieg in die Arbeit erschweren. Aber wie können die Frauen, allerdings unter unfairen Bedingungen, im Handumdrehen dasselbe tun wie die Männer? Dazu braucht Deutschland eine moderne, gleichstellungspolitisch tragfähige Arbeitsmarktstrategie, die auf die qualifizierte, gleichbleibende und gleichzeitige Beschäftigung von Männern und Frauen abzielt und hierbei beachtet, dass alle private soziale Dienstleistungen erbringen.

Die ersten Gleichstellungsberichte der Bundesregierung spricht bereits aus der Seele vieler Frauen. Im Hinblick auf ihrer strategischen Partnerschaft in der Gleichstellungspolitik setzen sich das Bundesministerium für Familie, Senioren, Frauen und Jugend und der Bundesvorstand des DGB gemeinsam dafür ein, die Frauensituation auf dem Arbeitsmarkt und in der Wirtschaft zu verbessern.

Der DGB misst der sozialen Sicherheit in allen Arbeitsverhältnissen von der ersten Arbeitsstunde an besonderer Bedeutung bei.

Gemeinsam verlangen sie mehr als das:

- den Abbau falscher Anreize in der Steuer- und Sozialgesetzgebung, die die Karrierewege von Frauen weiterhin in Richtung des Nebeneinkommens-Modells lenken;
- die Bekämpfung des geschlechtsspezifischen Lohngefälles durch die Einführung einer umfassenden Strategie zur Bekämpfung des geschlechtsspezifischen Lohngefälles;
- gerechte Entlohnung in frauendominierten Berufen und Sektoren, insbesondere bei den personenbezogenen Dienstleistungen;
- eine Personalpolitik für Arbeitsmarkt und Unternehmen, die sich systematisch an der Lebensperspektive orientiert;
- ein Rückkehrrecht für Teilzeitbeschäftigte (Familienangehörige) zur Vollzeitbeschäftigung.

Balance zwischen Beruf und Betreuung finden

Für Frauen, welche die Familie unterstützen (müssen), sind Fragen, die der Vereinbarung zwischen Beruf und Betreuung betreffen zentral für ihr Leben. Bei der Frage, ob eine signifikant bezahlte Arbeit mit der Kindererziehung und / oder der Betreuung von Eltern kompatibel ist, ist dahingesagt. Heute ist die Frage, wie eine erfolgreiche Versöhnung gestaltet werden kann, von zentraler Bedeutung. Es sind immer noch Frauen, die für unbezahlte Arbeit verantwortlich sind. Immerhin sind es die Frauen, die mit solchen Folgen einer mangelnden Vereinbarung zwischen Beruf und Betreuung zu kämpfen haben - weil es keine Kinderbetreuungsplätze oder Betreuungseinrichtungen für ältere Menschen gibt, die Arbeitsbedingungen nicht familienfreundlich sind und die Unternehmen wenig Verständnis für familiäre Verpflichtungen zeigen. Das Ergebnis ist oft die Einschränkung oder sogar die Aufgabe der eigenen Erwerbstätigkeit. Der zunehmende Anschein, dass Frauen im Laufe ihres Lebens auch die (hauptsächlich) wirtschaftliche Verantwortung übernehmen, sei es vorübergehend oder langfristig, macht dieses Unterfangen riskant. Aber Männer haben auch ein Versöhnungsproblem. Wo immer sie Hilfsaktionen durchführen möchten und müssen, stoßen sie allzu oft auf mangelndes Verständnis und mangelnder Rücksichtsnahme am Arbeitsplatz und in der Gesellschaft.

Es ist daher notwendig, die Situation zu überdenken. Betriebe und Verwaltungen sollten sich fortan darauf einstellen, dass die Frauen die finanzielle Verantwortung übernehmen.

Darüber hinaus müssen die Frauen ebenfalls gegenüber den Männern gerecht werden, die dann nicht nur arbeiten gehen, sondern auch noch die Kinder erziehen und wenn notwendig, sich um pflegebedürftige Menschen zusätzlich kümmern muss. Um Arbeit und Pflege in Einklang zu bringen, brauchen die Beschäftigten Handlungsspielraum und Mitbestimmung. Im Hinblick auf ihrer strategischen Partnerschaft in der Gleichstellungspolitik werden der Bundesvorstand des DGB und das Bundesministerium für Familie, Senioren, Frauen und Jugend die bedeutsamsten Multiplikatoren und Multiplikatorinnen unmittelbar auf betrieblicher Ebene ausbilden, um Bedürfnisse zu erkennen und Lösungsansätze zu entwickeln. Gemeinsam am Frauenbeispiel begründen sie die Notwendigkeit eines rasanten Ausbaus eines bundesweiten, qualitativ hochwertigen und bedarfsgerechten Kinderbetreuungsangebots

- von der Kindertagesstätte bis zur allgemeinbildenden Schule;
- Multiplikatorinnen und gewerkschaftliche Akteure für die spezifische Situation der Versöhnung von Frauen und ihren Partnern sensibilisieren;
- in ihren jeweiligen Verantwortungsbereichen an der Umsetzung und Einführung von lebensereignisorientierten Arbeitszeitmodellen arbeiten;
- in gemeinsamen Veranstaltungen Mitarbeiterinnen und Mitarbeiter der öffentlichen Verwaltung über die spezifische Situation der Versöhnung von Frauen und ihren Partnern informieren und sensibilisieren;
- die Regulierung von Haushaltsdienstleistungen kontrollieren und Kreativität für deren Weiterentwicklung entwickeln.

Gemeinsam fordern sie mehr als das:

- Die Einführung und Verbreitung ereignisorientierter Arbeitszeiten und zukunftsgerichteter Arbeitszeitmodelle als Basis für eine bessere Vereinbarkeit von Berufs- und Privatleben;

- Ein umfassendes Netz von qualitativ hochwertigen Kinderbetreuungseinrichtungen mit flexiblen Dienstleistungen, die den Bedürfnissen der Eltern entsprechend ihrer beruflichen Situation angepasst sind, einschließlich der Ausweitung von ganztägig geöffneten Vollzeitschulen;

- Die Ausrichtung von Maßnahmen zur Vereinbarkeit institutioneller und betrieblicher Aktivitäten auf die Bedürfnisse von Männern und ihre Attraktivität für Zielgruppen; die Einführung von Maßnahmen zur Vereinbarkeit betrieblicher Aktivitäten für alle, insbesondere für Mittel- und Geringqualifizierte;

- Und die Entwicklung eines neuen Systems der Kinderbetreuung für ältere Menschen oder Gruppen von gering bezahlten Arbeitnehmern

8 Schritte zu wahrer finanzieller Freiheit

Viele Menschen, die um ihre Finanzen besorgt sind, bezeichnen finanzielle Freiheit als ihr großes Ziel. Aber es kann nicht einfach so erreicht werden, denn es gibt eine Reihe von Schritten, die unternommen werden müssen, um es zu erreichen. Zunächst einmal: Ihr Weg zum Glück besteht aus bis zu acht Schritten.

Entscheidungen:

Der erste Schritt wird oft ignoriert, aber er ist der wichtigste von allen! Es geht darum, eine bewusste Entscheidung zu treffen - eine Entscheidung, Ihr Vermögen eigenverantwortlich aufzubauen, an Ihrer Vorsorge zu arbeiten, aktiv zu werden und für Ihre finanzielle Freiheit zu handeln. Aber es erfordert auch eine gute Einstellung und den Willen, es anzugehen!

Schuldenabbau:

Wenn Sie keine Schulden haben, gehören Sie zu diejenigen, die diesen Schritt überspringen können. Wenn Sie jedoch Verbraucherkredite oder andere Schulden haben, sollten Sie diese als erstes so schnell wie möglich begleichen.

Verbraucherschulden sind alle Kredite oder Finanzierungen, die Sie aufgenommen haben, um Verbraucherprodukte auf Kredit zu kaufen. Dazu gehören Dinge wie der Kauf eines Kühlschranks oder anderer Möbel, technische Geräte wie Fernseher, aber auch Kleidung oder andere Schulden jeglicher Art, die es gibt. Sie dürfen all diese Kredite am besten so schnell wie es geht zurücktilgen und - ganz wichtig - keine weiteren Schulden anhäufen. Der Grund: Man sollte immer nur mit dem Geld investieren, das man selbst am Ende des Monats zur

Verfügung hat, aber nicht mit dem Geld, was sonst zum Leben benötigt wird und Schulden gehören in diese Kategorie.

Sparen und Investitionskapitalbildung:

Der dritte Schritt ist der Aufbau Ihres Kapitals, das Sie später investieren wollen. All dies müssen Sie zuerst registrieren und akkumulieren (sammeln), bevor Sie beginnen können.

Das Folgende ist sehr wichtig:

Sparen Sie zunächst Ihren Notgroschen (falls Sie noch keinen haben) und legen Sie ihn auf einem separaten Konto zur Seite. Es ist für Notfälle da, falls Sie Ihr Einkommen verlieren, für größere Schäden oder andere unvorhergesehene Ereignisse, die Geld kosten, aufkommen müssen. Die Höhe dieses Notgroschens hängt von Ihrer persönlichen Situation ab, z.B. ob Sie Kinder haben, wo Sie wohnen oder Ihre allgemeine finanzielle Situation.

Ein denkbarer Richtwert könnte sein, das Fünffache Ihrer monatlichen Fixkosten oder 5 Monatsgehälter einzusparen, wenn Sie angestellt sind. Prüfen Sie, wie wohl Sie sich mit Ihrer finanziellen Reserve fühlen.

Nur dann werden Sie weiterhin fleißig und beharrlich für Ihre Investitionen sparen. Es ist wichtig, regelmäßig zu sparen. Sparen ist natürlich keine einmalige Angelegenheit, sondern kann fortlaufend bestehen bleiben. Deshalb sparen Sie normalerweise einen festen Teil Ihres Einkommens, den Sie am Anfang jedes Monats auf einem separaten Konto anlegen oder direkt investieren. Um das Kapital zu erhöhen, das Sie dann investieren können, gibt es auch die Möglichkeit, Ihr Einkommen zu erhöhen und das zusätzliche Geld dann auf Ihrem Anlagekonto zu platzieren. Sie können zum Beispiel eine Teilzeitarbeit aufnehmen oder neue Einkommensquellen erschließen.

Investitionen:

Um an der Börse Geld oder durch Peer-2-Peer-Darlehen (P2P-Kredite) oder Crowd-Investing anzulegen, braucht man nicht unbedingt vierstellige Beträge. Es lohnt sich an der Börse, bei rund 500 Euro anzufangen und auf P2P-Plattformen kann man schon klein anfangen und mit s10 Euro investieren. Darüber hinaus können Sie mit Hilfe von Sparplänen auch kleine Geldbeträge, z.B. 50 Euro, jeden Monat automatisch an der Börse anlegen. Der schnellste Weg, Ihr Vermögen wachsen zu lassen, ist die direkte Reinvestition aller Gewinne und Erträge.

Auf diese Weise profitieren Sie von der Wirkung des Zinseszinseffekts. Das bedeutet zum Beispiel, dass, wenn Sie Dividenden aus Ihren Aktien erhalten, Sie diese direkt in neue Aktien reinvestieren, oder wenn Sie das investierte Geld und die Zinsen aus Ihren P2P-Darlehen zurückerhalten, Sie es direkt in neue Darlehen reinvestieren, vorzugsweise über einen Autoinvestor (der Teil der meisten Plattformen ist).

Der Wendepunkt:

Wenn Ihr investiertes Vermögen weiterhin stetig wächst, werden auch die Erträge, die Sie daraus erzielen, steigen. In Zahlen ausgedrückt bedeutet dies: 5 % Rendite von 2.000 Euro sind nur 100 Euro, aber 5 % Rendite von 2.000.000 Euro sind bereits 100.000 Euro. Je mehr Geld investiert wird, desto mehr Rendite wird erzielt (wenn Sie keine Verluste erleiden und Ihre Rendite zumindest konstant ist). Dies ist auf die mathematischen Gesetze des hochstehenden Wachstums zurückzuführen und gleicht einer Spirale, die sich positiv immer weiter in die Höhe dreht und wächst. Und irgendwann erreicht man einen Wendepunkt, den man im positiven Sinne auch als point of no return (Ponor) bezeichnet. Dies ist das Zentrum, an dem der Ertrag und die Zinsen Ihres gesetzten Kapitals alle Ihre Kosten decken, ohne dass das investierte Kapital abnimmt. Ab dem Zeitpunkt, ab dem es keinen Ertrag mehr gibt, können Sie von den Erträgen aus Ihren Anlagen leben, ohne Ihr Vermögen zu verringern (vorausgesetzt, die Höhe Ihres Rückzugs bleibt vorerst konstant und Sie kaufen nicht plötzlich eine Porsche, ein Oldtimer oder ein Luxusliner für Millionen von Euro). Um diesen Punkt zu erreichen, benötigen Sie jedoch eine bestimmte Menge an Kapital, das investiert werden muss. Die Höhe dieses Kapitals ist von Person zu Person unterschiedlich und definiert sich einerseits durch die durchschnittliche Rendite aller Investitionen und andererseits durch Ihre Gebühren, Ausgaben oder das Geld, das Sie zum Leben benötigen und zurückziehen wollen. Wenn Sie z.B. 1.500 Euro im Monat zum Leben benötigen, sollte das investierte Kapital Ihrerseits so hoch angesetzt sein, dass das daraus erzielte Einkommen mindestens 1.500 Euro netto pro Monat beträgt. Der Wendepunkt ist absolut entscheidend und unverzichtbar für eine wirkliche finanzielle Unabhängigkeit. Sie ist sozusagen die Grundlage dieses Projekts.

Finanzielle Unabhängigkeit:

Es gibt viele Begriffe mit ähnlichen Bedeutungen und Sie haben sie wahrscheinlich alle gehört:

- Finanzielle Unabhängigkeit,
- Finanzielle Sicherheit und
- Finanzielle Freiheit.

Aber jeder definiert diese Begriffe ein wenig anders. In diesem Zusammenhang bedeutet finanzielle Unabhängigkeit, dass alle Ihre lebenswichtigen Fixkosten durch Ihr Einkommen aus Kapitalgewinnen oder Erträgen gedeckt sind.

Dazu gehören Ihre Miete, Lebensmitteleinkäufe und alle notwendigen Versicherungs- oder Transportkosten. Alles, was Sie zum Überleben im Alltag brauchen, ist abgedeckt. Nicht gedeckt sind zusätzliche

Ausgaben wie die Beiträge für das Fitnessstudio oder andere Verbraucherausgaben wie für Schuhe.

Wenn Sie den Wendepunkt erreicht (und beibehalten!) haben, werden Sie finanziell unabhängig, weil Sie praktisch ohne Einkommen aus einem Job oder einer anderen Einkommensart auskommen können (Sie werden selbständig), und Ihre Fixkosten sind immer durch das Einkommen aus Ihren Investitionen gedeckt.

Immer weiter investieren:

Wenn Ihr Ziel die finanzielle Unabhängigkeit ist, könnten Sie bereits an diesem Punkt aufhören und das Leben genießen. Wenn Ihr Ziel jedoch darin besteht, Ihre zusätzlichen Ausgaben oder Sonderwünsche auch in Zukunft aus den Erträgen Ihrer Investitionen fördern zu können, dann können Sie immer wieder investieren, damit Ihr Einkommen wächst. Es ist sinnvoll, dass Sie Ihre Anlagestrategie laufend und entsprechend den aktuellen wirtschaftlichen Bedingungen weiterentwickeln. Bei größeren Beträgen kann sich auch die Gewichtung der einzelnen Anlagen innerhalb Ihres Portfolios oder die Priorität verschiedener Risikoklassen ändern.

Die finanzielle Freiheit:

Nun ist es soweit.... Der Moment naht, in dem Sie alle Ihre Fixkosten, Zusatzkosten und Sonderwünsche mit der Rendite Ihrer Investitionen bezahlen können, ohne dass das Kapital kleiner wird. Sie haben mit der letzten Phase Ihre finanzielle Freiheit erreicht. Sie sind nicht mehr von einer anderen Einkommensquelle abhängig und erfüllen sich Ihre Träume und Wünsche, die für Ihr Überleben notwendig sind. Natürlich hängt der genaue Zeitpunkt, wann dies erreicht wird, auch von der Bedeutung Ihrer Wünsche und den Lebenshaltungskosten ab. Am besten ist es, dieses Szenario genau einmal zu berechnen, um eine konkrete Zahl zu erhalten, die Sie dann ausnutzen können.

Zusammenfassend:

Sie können Ihre wirtschaftliche Unabhängigkeit, aber auch Ihre Freiheit nur erhalten, falls Sie eine stabile und beständige Durchschnittsrendite erzielen. Da es aber heute kaum noch sichere oder risikofreie Zinserträge gibt, ist die finanzielle Unabhängigkeit eine Beachtung, an dem regelmäßig gearbeitet werden muss, um ihn zu erhalten. Die Finanzwelt verändert sich ständig. Sie werden dasselbe tun, um am Ball zu bleiben, Ihre Erträge optimal zu sichern oder im Idealfall vielleicht zu steigern.

Neun Merkmale für erfolgreiche Geschäftsfrauen

Welche Frau tut das nicht? Subtile Anmerkungen von Arbeitskollegen, die suggerieren, dass Sie nicht mithalten können, um richtig Karriere zu machen, beispielsweise ein CEO zu werden oder Erfolg zu haben. Und die Statistiken scheinen ihnen Recht zu geben: CEOs und Verwaltungsräte werden nach wie vor von Männern dominiert. Frauen scheinen hier einfach keinen Platz zu haben. Ziemlich deprimierend, nicht wahr? Ganz und gar nicht. Denn die heutige Realität sieht ganz anders aus: Frauen in der Wirtschaft machen sich langsam einen Namen.

In den Medien gibt es zahlreiche weibliche Millionärinnen, weibliche Vorstandsmitgliederinnen und Frauen, welche ihre Branchen mit revolutionären Geschäftsideen aufrütteln.

Die Ära der Frauenmacht ist endlich da und dies ist vor allem auf einen Faktor zurückzuführen: die typisch weiblichen Eigenschaften, die Frauen helfen, im Geschäftsleben erfolgreich zu sein.

Die 9 Besonderheiten erfolgreicher Business-Frauen

Kraft + Ingeniosität = der Schlüssel *

Diejenigen, die den Scheufaktor weiterhin den Frauen zuschreiben, haben das neue Jahrtausend noch nicht erreicht. Frauen an der Macht sind sich darüber bewusst, wie man risikoreiche Entscheidungen verantwortungsvoll treffen kann. Sie konzentrieren sich auf moderne Lösungen für aufkommende Probleme und stimulieren so erfolgreich die Innovation. Selbst wenn die Mitmenschen und Kollegen im ersten Moment an den Ideen zweifeln, gelingt es ihnen, der Illusion treu zu bleiben, sie voranzubringen, selbst bei starkem Gegenwind. Die Angst, unbeliebt zu werden, wird zu einem kalkulierbaren Risiko, das Unternehmerinnen nicht daran hindern kann, zukunftsweisende Ideen erfolgreich umzusetzen.

* *Variabilität + Hoffnung = Beharrlichkeit* *

Erstens passiert das nicht, und zweitens ist es nicht so, wie Sie denken. Es gibt kaum Neuigkeiten für Frauen an der Macht, die oft schwierige Geschäftssituationen bewältigt und während einer Krise neue Energien gefunden haben.

Starke Geschäftsfrauen wissen nur zu gut, dass kein Erfolg in einer Nacht zustande gekommen ist und wie wichtig es ist, manchmal Dürreperioden zu überstehen. Ganz wichtig dabei: nicht aufgeben. Nur so lassen sich wichtige Ziele in der Geschäftswelt erreichen und persönliche Träume im Privatleben erfüllen. Auf einem langen Weg sind Flexibilität und rasantes Denken gefragt: Mit viel Hoffnung und Zuversicht sowie positiver Einstellung haben es starke Unternehmerinnen viel leichter auf der Erfolgsspur zu bleiben, passen sich gekonnt an neue Gegebenheiten an und nutzen ihre Stärken.

*Sensibilität + Inspiration = Trendgespür *

Business-Frauen bringen bestimmte typische Erfolgseigenschaften mit, durch die sie viel erreichen. Es geht eindeutig um Einfühlungsvermögen und Intuition. Durch ihre soziale Sensibilität und einzigartiger Menschenkenntnis betrachten sie den zeitlichen Geist in ihrem Betrieb und die Anforderungen der Menschen im Umfeld. Das macht sie auch zu exzellenten Marktexperten: Sie behalten die Zielgruppe ihres Unternehmens im Auge und bemerken die geringste Stimmungsänderung. Dieser pulsierende Finger der Zeit ermöglicht es ihnen, umgehend auf die Bedürfnisse seiner Mitmenschen enzugehen, darauf zu reagieren und strategische Veränderungen vorzuschlagen. Danach sind alle zufrieden und glücklich. Ein echtes Gespür für Trends ist daher ein wesentliches Merkmal erfolgreicher Frauen in der Wirtschaft.

Selbstwertgefühl + Entscheidungsfreude = Innovationsfreude

Für echte Machtfrauen, die sich im Geschäftsleben durchsetzen, ist Selbstvertrauen eine äußerst wichtige Eigenschaft. Zu wissen, was man tun kann und was nicht, ist eine der Stärken jeder Geschäftsfrau. Die Angriffe von Skeptikern und Skeptikern sind daher zwecklos: Diese starken Frauen nutzen ihre positiven Eigenschaften gezielt, um mutige und selbstbewusste Entscheidungen zu treffen, die letztlich zum Fortschritt führen. Im Vertrauen auf ihre eigenen Fähigkeiten und Fertigkeiten wagen starke Geschäftsfrauen wichtige Schritte und übernehmen die Kontrolle über ihre Zukunft.

Verantwortungsgefühl + Individuum = führende Persönlichkeit

Erfolgreiche Frauen in der Wirtschaft wissen, dass sie immer eine Verantwortung gegenüber ihrer Umwelt haben. Sie nehmen diese Verantwortung an, indem sie nachdenklich, aber entschlossen handeln. Mit enormem Verantwortungsbewusstsein geleiten sie durch alle Art von Herausforderungen des täglichen Lebens und Geschäftslebens und werden zu einem wichtigen Antrieb im Umfeld. Indem sie es ihrer Persönlichkeit erlauben, ihre Handlungen und Entscheidungen zu beeinflussen, werden sie zu einer führenden Persönlichkeit, die andere motiviert, auf ihre Ziele hinzuarbeiten und ebenfalls nach den Sternen zu streben. Dazu gehört auch der Mut, sich und ihre Ideen öffentlich zu präsentieren.

Leistungsfähigkeit + Beherrschung = Begabung

Willenskraft führt auch zum Erfolg von Frauen in der Wirtschaft. Viele autodidaktische Managerinnen und Millionärinnen bringen heute nicht nur eine langjährige Ausbildung und Berufserfahrung mit - oft eine lange Zeit harter Arbeit, bevor sie selbst das Ruder übernehmen können. Lebenslanges Lernen ist ebenfalls eindeutig Teil des Erfolgs, und dies kann nicht ohne Disziplin und Engagement erreicht werden. Diese beiden Qualitäten müssen auch im Arbeitsalltag vorhanden und ersichtlich sein, denn immerhin gehören sie zum Schlüssel der höchsten Produktivität: Jeden Tag das Beste geben und letztlich als Gewinner herausgehen, macht vielen Business-Frauen wirklich erfolgreich.

Vertrauensfähigkeit + Organisationsvermögen = Wirksamkeit

Dass Frauen über wichtige soziale Stärken verfügen, ist kein Vorurteil: Sie sind in der Lage, sich wie gewünscht zu vernetzen und die Arbeitsschritte mithilfe anderer Mitmenschen in der Weise zu organisieren, dass das Ziel gemeinsam erreicht wird. Für Geschäftsfrauen gehört es dazu, sich von falschem Stolz zu befreien und zu verhindern, dass dieser ihre Erfolgschancen untergräbt. Durch die gezielte Suche nach verlässlicher Unterstützung können Frauen in Machtpositionen Konstruktivität nicht nur für sich selbst, sondern auch für andere erreichen.

Um erfolgreich zu sein, ist es wichtig, Vertrauen zu haben - genau das ist eine Eigenschaft, welche viele Business-Frauen sich vorab noch beibringen mussten, um diese heutzutage verkörpern zu können.

Spannung + Freimut = etwas Neues wagen

Aber eines ist wichtig: Neben Konstruktivität, Produktivität und Disziplin bleiben erfolgreiche Business-Frauen in der Wirtschaft offener und bestehen aus voller Neugierde. Sie verfolgen Konferenzen, lesen Blogs und Bücher, interagieren mit einer Vielzahl von Menschen und genießen die unbekannte Begegnung. Auf diese Weise erhalten sie neue Kreativität und Impulse. Gleichzeitig finden Sie selbst persönliche Inspiration für einen entspannten und meist aufregenden Alltag. Dank der Zusammenkunft auf neuen Menschen, Dingen, Perspektiven und Herangehensweisen sind sie frei von Vorurteilen und haben durch ihres großen Wissensdurstes - auch im hohen Alter - keine Probleme, Neues zu lernen.

Interesse + Wohlgefallen = Vorstellungsvermögen

Eines ist klar: Es ist eine Unermüdlichkeit, ein gewisser Kampfgeist vorhanden, bei der die Frauen mit Macht in der Wirtschaft erfolgreich sind.

Wie auch immer der Kontext sein mag, die energiegeladenen Frauen sind wahrlich einzigartig. Mit dem ständigen Motivationsschüben, gewisse Ziele zu erreichen, werden Business-Frauen zu einer besonderen Inspiration für alle jungen Frauen und Männer. Es gelingt ihnen, andere durch ihre einnehmende Art und ihre beeindruckenden Leistungen zu inspirieren. Es ist besonders beeindruckend zu sehen, wie mächtige Frauen es geschafft haben - auch mit riesigen Rückschlägen - mit neuer Kraft zurückzukehren.

Frauen und ihre Geldanlagen

Anlage- und Finanzexperten gehen davon aus, dass Frauen eher als risikoscheu einzustufen sind und sich in einer sicheren Anlage wohler fühlen, um zu investieren. Damit wird das verbreitete Stereotyp in Frage gestellt, dass das weibliche Geschlecht generell ein wichtiger Faktor bei Investitionsentscheidungen ist und dass die verschiedenen Investitionsverhalten von Frauen und Männern auf geschlechtstypische Risikoeinstellungen zurückzuführen ist. Vielmehr ist die Tatsache, dass Frauen bei Investitionen vorsichtiger sind, darauf zurückzuführen, dass sie durchschnittlich nur die Hälfte des Finanzvermögens der Männer besitzen. Nun ist die Frage zu klären, ob die häufig zu beobachtender Präferenz weiblicher Anleger für sichere Finanz- und Anlageprodukte darauf zu schließen ist, dass die Frauen risikoscheuer sind - von Natur aus gesehen - als die Männer oder ob Differenzierung im Verhalten der Geldanlagen in Bezug auf sozioökonomische Aspekte wie Einkommen und Finanzvermögen zurückzuführen sind.

Frauen bevorzugen sichere Geldanlagen

Es gibt sechs Arten von Investitionen:

- traditionelle Spareinlagen: Sparkonto oder Sparbücher
- Bausparverträge,
- Lebensversicherungspolicen,
- Anleihen des Bundes, der Länder und anderer juristischer Personen aus dem öffentlichen Recht,
- Anleihen und Aktien börsenbekannter Unternehmen, Wertpapiere und Investmentfonds
- Aktien nicht börsennotierter Unternehmen.

Die letzten drei Investitionsformen haben im Allgemeinen eine ungewisse Rendite und bergen das Risiko eines teilweisen oder vollständigen Verlusts des investierten Kapitals. Deshalb werden diese drei Anlageformen als risikoreiche Investitionen eingestuft. Männer und Frauen unterscheiden sich erheblich bei der Investitionswahl. In der Tat wird die persönliche Einstellung zum Investitionsrisiko von einer Vielzahl sozioökonomischer Aspekte beeinflusst.

Weibliche Haushaltsvorstände haben im Allgemeinen weniger Vermögen als die Männer. Einer der wichtigsten Faktoren, der das Investitionsverhalten beeinflusst, ist die Höhe des verfügbaren Finanzvermögens.

Im Allgemeinen besteht eine positive Korrelation zwischen der Vermögenshöhe und der Entschließung, risikoreiche Finanzprodukte zu erwerben.

Dafür sind zweierlei Gründe zu beachten:

- Die Beteiligung auf den Märkten für risikoreiche Finanzprodukte steht mit Kosten in Verbindung. Dazu gehören die Verwaltungsgebühren für Einlagenkonten sowie feste und variable Ausgabe- und Verwaltungsgebühren. Damit eine Investition rentabel ist, muss eine beträchtliche Kapitalmenge investiert werden. Dies ist eine Barriere für weniger wohlhabende Menschen.
- Der niedrigste handelbare Nennwert mehrerer Wertpapiere liegt meist sehr hoch. Wenn Sie Wertpapiere mit einem hohen Nennwert wählen und gleichzeitig eine angemessene Risikostreuung erreichen wollen, benötigen Sie viel Kapital. Infolgedessen sind Investoren mit kleinen Finanzen nicht immer in der Lage, die Finanzprodukte zu erwerben, welche für die Diversifizierung gebraucht würden.

Frauen und Männer verhalten sich bei identischen Finanzvermögen ähnlich. Anhand der hohen Unterschiede bei den vorhandenen Finanzen und der festgestellten Zusammenhänge zwischen der Vermögenshöhe und der möglichen Anlagestrategien scheint es grundsätzlich so zu sein, dass die weibliche Neigung, sichere Anlageprodukte zu nutzen, weniger auf die spezifisch Risikoeinstellung als mehr auf das ziemlich geringere Finanzvermögen zurückzuführen ist.

Dabei werden mitunter folgende Merkmale berücksichtigt:

- Alter
- Beschäftigung des Entscheidungsträgers
- Bildungsniveau
- Familienstruktur
- Finanzvermögens
- Geschlecht
- Höhe des verfügbaren Einkommens
- Immobilienbesitz und
- unternehmerische Tätigkeit.

Wenn Frauen weniger geneigt sind, risikoreiche Investitionen zu tätigen, könnte dieser Zusammenhang auf eine erhöhte Risikoabneigung zurückzuführen sein, die geschlechtstypisch einzustufen ist. Wenn andererseits keine signifikanten geschlechtsspezifischen Unterschiede bestehen, würden die eben festgestellten Unterschiede im Investitionsverhalten von Frauen und Männern eher auf Differenzierungen in den sozioökonomischen Merkmalen als auf einer unterschiedlichen Risikoeinstellung beruhen.

Schlussfolgerung

Der Anteil von Frauen, die risikoreiche Finanz- und Anlageprodukte halten, ist viel geringer als im Gegensatz zu den Männern. Das liegt aber keineswegs daran, dass Frauen grundsätzlich besonders risikoscheu sind. Vielmehr spielt die Tatsache, dass Haushalte mit einem männlichen Vorstand im Durchschnitt doppelt so viel Geld haben wie Haushalte mit einem weiblichen Vorstand, eine große Rolle für die Unterschiede im Investitionsverhalten. Angesichts der Vermögenshöhe und anderer sozioökonomischer Merkmale von Einzelpersonen gibt es keine geschlechtsspezifischen Unterschiede in ihrer Neigung, in risikoreiche Geldanlagen zu investieren. Das geschlechtsspezifische Wohlstandsgefälle ist ein Schlüsselfaktor dafür, dass offenbar mehr Frauen als Männer ihr Eigentum nur in sichere Finanz- und Anlageprodukte investieren.

Spar- und Anlageverhalten (FAQ)

Viele Frauen kümmern sich nicht um ihre Finanzen. Nun, das sollten sie auch. Die wichtigsten Fragen und Antworten - und warum auch Männer davon profitieren können.

Was sollten Frauen beachten, wenn sie ihr Geld investieren?

Frauen verdienen im Durchschnitt weniger, weil sie häufig Teilzeit arbeiten, und auch ihr Arbeitsleben ist im Durchschnitt kürzer, weil sie aus familiären Gründen häufig der Arbeit fernbleiben.

Die Folgen sind im Alter zu spüren: Sie haben oft eine niedrigere gesetzliche Rente und auch eine niedrigere Betriebsrente. Frauen haben im Allgemeinen weniger Geld zur Verfügung und eine längere Lebenserwartung. Mit anderen Worten: Sie müssen länger mit weniger Geld auskommen.

Welche Fehler machen Frauen oft?

Die meisten Frauen kümmern sich nicht gern um ihre Finanzen. Aber sie müssen es als eine Pflicht, wie Zähneputzen betrachten. Der springende Punkt ist, dass Frauen sich um alle kümmern und zuletzt für sich selbst sorgen. Zuerst die Kinder, dann die Eltern und Schwiegereltern. Wenn der Ehemann krank wird oder sich scheiden lässt, kümmern sie sich um alle außer um sich selbst. Der größte Fehler ist es, zu glauben, dass sie in der Ehe versorgt werden. Frauen sollten sich von klein auf um ihre eigenen Finanzen kümmern und beginnen, Vorkehrungen für ihr Alter zu treffen. Ein weiterer Fehler ist es, zu lange nach der Geburt der Kinder zu Hause zu bleiben und aus Angst vor Börsenschwankungen das Geld zinslos auf dem Nachtkonto oder dem Girokonto zu parken.

Sollten Frauen über eigenes Eigentum verfügen?

In vielen Familien wird das Vermögen im Namen des Mannes angelegt. Für Frauen ist dies eher die Ausnahme. Wenn sie sich trennen, müssen sie um jeden Euro kämpfen. Deshalb ist es wichtig, dass ein Teil des Familieneinkommens auf den Namen der Frau gesetzt wird.

Frauen müssen ein gesundes Maß an Egoismus an den Tag legen. Sie sollten finanziell etwas für sich selbst tun - und zwar nicht eines Tages, sondern jetzt. Viele Frauen kümmern sich nicht um ihre Finanzen. Wie kann dies geändert werden? Spätestens zu Beginn ihrer beruflichen Laufbahn müssen sich Frauen gründlich informieren. In jedem Fall sollten sie ihre eigenen Finanzen nicht ihrem Vater, Bruder oder Ehemann überlassen, sondern sie sollten sich selbst darum kümmern. Die Erfahrung zeigt, dass sich die meisten Frauen gerne um ihr Geld kümmern, wenn sie die Probleme besser verstehen und erkennen, dass es nicht so kompliziert ist. Sie gewinnen deutlich an Selbstvertrauen, Unabhängigkeit und Zufriedenheit.

Brauchen Frauen einen anderen Ansatz für Anlagemöglichkeiten?

Die meisten von ihnen offenbar schon. Während der Konsultation wünschten sich die Frauen einen sehr individuellen Ansatz, der ihre persönliche Lebenssituation, ihre Wünsche und Ziele sowie ihre Ängste berücksichtigt.

Die meisten Frauen mögen keine Ratschläge, die die Analyse von Akten und Terminologie und Druck zur Entscheidungsfindung beinhalten. Frauen wird empfohlen, nicht mit ihrem Mann zur Anlageberatung zu gehen, sondern allein oder mit einem Freund.

Was tun, wenn Geld knapp ist?

Es ist wichtig, nicht bis zum Ende des Monats zu warten, um zu sehen, ob es noch Geld zum Einzahlen gibt. Frauen sollten zu Beginn des Monats einen festen Betrag abgebucht haben. Der Rest geht immer am Ende des Monats, umgekehrt ist es schwieriger. Ein Ratschlag: Wenn Sie jung sind, können Sie 50 Euro im Monat sparen, aber es wäre besser, jeden Monat eine dreistellige Summe für Ihr Alter zurückzulegen.

Wie lange wird der Rückgang der Zinssätze anhalten und was wird folgen?

Aller Wahrscheinlichkeit nach wird der Rückgang der Zinssätze noch lange anhalten. Wenn es gut läuft, werden wir bis Mitte des nächsten Jahrzehnts wieder Zinssätze zwischen 2,5 und 3,5 % sehen; wenn es schlecht läuft, nicht vor dem Ende des nächsten Jahrzehnts. Darüber hinaus wird Frauen empfohlen, breit diversifizierte Aktienfonds in Betracht zu ziehen. Die Unternehmen profitieren vom globalen Wachstum. Wenn die Weltwirtschaft wächst, steigen die Einnahmen der Unternehmen, die Gewinne steigen, und dann steigen die Aktienkurse.

Die Kehrseite der Medaille: Anleger müssen sich dazu in der Lage sehen, Kursschwankungen zu verkraften. Für diese Art von Investitionen sollte daher ein langfristiger Anlagehorizont - mindestens mehr als zehn Jahre - gewählt werden. Widmann weist darauf hin: Je länger der Anlagehorizont, desto weniger kurzfristige Schwankungen gibt es, und desto wichtiger wird die Frage der Trendentwicklung.

Brauchen Frauen andere Produkte?

Nein, warum sollten Sie? Aber sie brauchen flexible Produkte... Frauen, die sehr jung mit einem kleinen Geldbetrag für ihre Altersvorsorge beginnen, würden diese gerne erhöhen können, wenn sie mehr verdienen. Oder sie möchten als Selbständige eine zusätzliche Zahlung leisten, wenn sie ein gutes Finanzjahr hinter sich haben. Darüber hinaus gelten für Frauen und Männer die gleichen Regeln, wenn es darum geht, Geld zu investieren.

Was ist empfehlenswert, wenn Sie langfristig sparen wollen?

Ein Aktienfondssparplan eignet sich nach Widmanns Worten vor allem für langfristiges Alterssparen. Es kann ein aktiv verwalteter Fonds sein, bei dem ein Fondsmanager die Strategie bestimmt und Kauf- und Verkaufsentscheidungen trifft, oder ein ETF, der blind einen Index wie den Dax oder den MSCI World nachbildet.

<u>Der Vorteil dieser Fondssparpläne:</u>

Wenn in der Zwischenzeit eine Notsituation entsteht, können Sie sehr schnell an Ihr Geld kommen. Wenn Sie langfristig sparen wollen, müssen Sie jetzt damit beginnen. Dies sind gute Zeiten, auch wenn sich die Wirtschaft in einer Schwächephase befindet.

Können Frauen mit 50 oder 60 immer noch Vorsichtsmaßnahmen ergreifen?

Dasselbe gilt für die Altersvorsorge: je früher sie erfolgt, desto besser. Eine Frau in den 50er Jahren arbeitet in der Regel noch weitere 17 Jahre. Wenn sie Vollzeit arbeitet, muss sie nun höhere Beiträge für ihre Altersrente zahlen. Mit 60 kann sie die verlorene Zeit nur mit höheren Einmalprämien aus einer Erbschaft, einer Lebensversicherung oder mit Geld vom Tagesgeldkonto aufholen. Das Alter ist kein Grund, nicht in Aktienfonds zu investieren. Selbst im Alter von 60 Jahren können Frauen immer noch in Investmentfonds-Sparpläne einsteigen. Dann gäbe es genug Geld, um vielleicht später ein Dienstmädchen zu kaufen oder in Urlaub zu fahren.

Ein Haushaltsbuch führen

Auch wenn in der Einführung erwähnt wurde, dass es sich im in diesem Buch nicht nur ausschließlich um die Führung von Haushaltsbüchern handelt, so ist sie doch ein sehr wichtiger Faktor beim Einsparen und sollte daher auch hier seine Erwähnung finden.

Das Haushaltsbuch, welches ich Ihnen vorstellen möchte, kann von jedem einzelnen Bürger Deutschlands verwendet werden. Dieses Haushaltsbuch wurde so konzipiert, dass es drei Phasen enthält. In der ersten Phase wird die aktuelle Zustandsanalyse durchgeführt. Dies wird für die meist genutzten und Energieverbrauchenden Zimmer benötigt.

Anschließend dazu folgt die Kontrolle. Hier wird protokolliert, ob Sie die gefundenen Einsparmaßnahmen auch effektiv ausnutzen, um Geld zu sparen. Zum Schluss kommt die Verbesserung. In dieser Phase werden Sie lernen mit dem ersparten Geld, noch mehr im Haushalt einzusparen, ohne dabei die Lebensqualität zu reduzieren.

Haushaltsbücher sind seit jeher beliebt gewesen, doch in unserer heutigen Zeit besitzen sie umso mehr eine große Relevanz. Es gibt so viele Produkte auf der Welt, die schiere Masse an Produkten ist einfach unfassbar. Und nicht mal das. Ein und dieselben Produkte hat noch mal 5 unterschiedliche Sorten zu bieten: Farbe, Größe, Gewichtsklasse etc. sind nur einige dieser Sorten. Da stellt sich natürlich die Frage: „Brauche ich das alles überhaupt?"

Dabei bekommt unserer Psyche eine enorme Bedeutung. Sie müssen ehrlich zu sich selbst sein. Es wird Ihnen etwas schwer vorkommen, sich von bewussten Denkstrukturen und Gewohnheiten loszusagen, doch es ist eminent wichtig, dass Sie diese verändern, um das langfristig bestmögliche für Sie selbst herauszuholen.

Die Analyse

Sie benötigen für das Erfassen der Zustandsanalyse viel Zeit, ein Blatt Papier und etwas zum Schreiben. Seien Sie bei Ihren Überlegungen klar, geduldig und ruhig. Sie werden bei der Analyse feststellen, dass Sie ab und an auf Denkblockaden stoßen, doch das ist nicht weiter schlimm. Sie machen eine solche Zustandsanalyse nämlich nicht alle Tage.

Schreiben Sie sich all Ihre Fixkosten auf. Zu den Fixkosten zählen unter anderem die Miete, Nebenkosten, Versicherungen, Handyverträge, Festnetzbeträge, Newsletter Abos, Zeitungen, Tickets für öffentliche Verkehrsmittel etc. Sie können beispielsweise auch ungefähr abschätzen, wie viel Sie ungefähr mindestens im Monat tanken gehen müssen.

Nachdem Sie die Fixkosten aufgelistet haben, gehen wir nun die wichtigsten Zimmer im eigenen Haushalt durch und überlegen uns, inwiefern wir etwas einsparen können. Seien Sie offen für die Überlegungen, die Sie in diesem Buch wiederfinden werden.

Die Küche

In der Küche steigen die Stromkosten immer weiter an. Vergessen Sie nicht, dass einzig Sie allein die verschwendeten Stromkosten zahlen müssen. Sie müssen daher erst einmal ausfindig machen, welche Geräte überhaupt Ihre größten Stromverbraucher bzw. Energieschlucker sind. Dazu gehört beispielsweise auch der Ofen. Öfen verbrauchen bis zu 3500 Watt Strom in einer halben Stunde. In der Regel rechnet man pro Stunde mit 35 Cent. Sollten Sie also Ihren Ofen eine Stunde am Tag nutzen, dann wären dies 10,50 Euro im Monat. Auf das gesamte Jahr hochgerechnet ergibt das 126 Euro. Natürlich wird es Tage geben, an denen Sie weniger als eine Stunde den Ofen nutzen, allerdings wird es Zeit geben, wie beispielsweise an Weihnachten, wo in vielen deutschen

Wohnungen der Ofen bis zu 3 Stunden am Tag genutzt wird.

Es ist wichtig, dass Sie verstehen, dass diese immensen Kosten ergeben können. Was können Sie also dagegen machen? Sehr banale Aussage, aber einfach der Wahrheit entsprechend: Sie können und sollten weniger den Ofen nutzen. Sie können stattdessen eine Mikrowelle oder ein kleineres Elektrogerät für das Aufwärmen von Essen nutzen. Je weniger Sie den Ofen nutzen, umso besser für Ihr Portmonee. Vergessen Sie nicht, der Ofen ist nur eine Stellschraube, von mehreren.

Wenn Sie dennoch des Öfteren nicht von dem Ofen loskommen können, dann sollten Sie versuchen vor zu heizen. Das Vorheizen verringert die Zeit, in der das Essen im Ofen bleibt, denn Sie können den Ofen viel früher ausmachen. Die übriggebliebene Wärme reicht vollkommen aus, um die meisten Mahlzeiten vorzubereiten.

Abgesehen vom Ofen wird auch der Herd ziemlich oft verschwenderisch genutzt. Achten Sie beim Kochen darauf, dass die Töpfe geschlossen und die Menge im Topf für die Hitze auch vollkommen ausreichend sind. Schnellkochtöpfe bewähren sich auf langfristige Zeit.

Reis der nur 5 Minuten auf dem Herd war, schmeckt genauso gut, wie wenn Sie es für 20 Minuten auf dem Herd lassen würden. Auch sollten Sie die Lebensmittelverschwendung bekämpfen. Das beginnt bereits beim Lagern der Lebensmittel. Achten Sie auf die Haltbarkeitsdaten auf der Verpackung.

In einer Studie wurde bewiesen, dass in Deutschland durchschnittlich im Jahr 73 Euro aus jedem Haushalt ungeöffnete Lebensmittel in den Müll geworfen werden. Diese Kosten mit den Ofenkosten zusammengerechnet ergeben um die 200 Euro. Das ist eine ordentliche Zahl. Für einige Familien reicht dieses Geld sogar aus, um die monatlichen Lebensmittelkosten zu decken.

Sie sollten diesen Aspekt nicht unterschätzen und sollten versuchen das Essen auch in Zukunft immer zu verwerten. Statt immer das neueste

Essen zu essen, und dabei die restlichen Überreste vom Vortag in den Müll zu schmeißen, wird Sie dies hochgerechnet auf das Jahr einiges an Geld kosten.

Sie sehen, kleinere Rechnung ergeben zusammen eine große Summe. Daher sollten Sie sich genaustens überlegen, welche Kosten Sie eventuell einsparen können, ohne dabei wirklich Ihre Lebensqualität zu reduzieren. Sie müssen sich nur überwinden, denn vielmehr als die Kosten sind es unsere Gewohnheiten, die uns daran hindern das vorgenommene auch wirklich langfristig umzusetzen.

Das Wohnzimmer

Das Wohnzimmer ist die Schaltzentrale des Haushalts. Da möchten die wenigsten sparen und vielmehr Glanz und Glamour verbreiten. Dazu gehören unter anderem auch teure Lichter. LED, Hoch-Watt Lichter oder Lichterketten sind gerade voll im Trend und in vielen Haushalten wiederzufinden. Man möchte sie meistens gar nicht mehr ausmachen, vor allem neben dem Besuch, weil sie so schön funkeln.

Doch die Kosten berücksichtigt man meistens dabei nie, weil wir Menschen vielmehr emotional reagieren, statt rational. Falls Sie solche Themen interessieren, dann rate ich Ihnen das Buch „Schnelles Denken Langsames Denken" von Daniel Kahnemann durchzulesen. Ein Buch das mich nicht nur stark geprägt, sondern auch meine Entscheidungsfindung extrem beeinflusst hat. Kommen wir aber nun wieder zu unserem Problem mit den Lichtern.

Sie können sehr viel Geld sparen, indem Sie Energiesparlampen oder Gaslampen nutzen. Auch wenn diese nicht genauso schön leuchten wie andere Lampen, sollten Sie immer berücksichtigen, dass Sie dies deshalb umsetzen möchten, um langfristig Geld zu sparen. Gegen Ende des Buches wird es noch ein Kapitel geben, dass Ihnen dabei helfen wird, das Sparen einfacher anzugehen. Wenn Sie nämlich kein wirklicher Grund haben zu sparen, dann werden Sie langfristig auch nicht das Vorhaben erfolgreich umsetzen können.

Falls Sie nicht gänzlich auf die schönen Lampen verzichten möchten, dann können Sie diese immer dann dran machen, wenn Gäste oder geehrter Besuch da sind. Falls Sie Zeit mit Ihren Liebsten verbringen, und das tun Sie wahrscheinlich sehr oft, dann sollten Sie eher die günstigen Glühbirnen bevorzugen. Mit dieser Methode werden Sie einiges an Geld sparen können.

Ich möchte Sie noch etwas aufmerksam machen, was die meisten nicht berücksichtigen. Viele von uns schalten nachts das Licht zwar aus, doch lassen den Stromstecker weiterhin an der Steckdose dran. Aber selbst bei ausgeschaltetem Licht verbraucht eine Steckdose einen geringen Wert, der sich jedoch langfristig zu einer großen Summe summiert. Vergessen Sie also daher auch nicht, nach dem Sie das Licht ausgemacht haben auch das Netzteil von der Steckdose auszuziehen.

Wussten Sie bereits, dass Sie mit mehrfach Steckdosen eine Menge Geld sparen können? Vielleicht laden Sie mit diesem Gerät das Smartphone langsamer, doch wird Ihr Stromverbrauch geringer und nicht jede Steckdose wird dafür aktiviert.

Als letzten Punkt möchte ich hier noch die Heizkosten anführen, die sehr häufig eine ganze Stange Geld kosten. Um den größtmöglichen Nutzen eines Heizkörpers zu haben, sollten Sie auf diese Faktoren achtgeben. Als erstes sollten Sie die Dichtigkeit Ihrer Fenster und auf den unteren Türrahmenspalten überprüfen. Diese sollten gedeckt sein, damit die Wärme nicht aus dem Zimmer entweicht und Sie immer wieder nachheizen müssen.

Auch sollten Sie ab und an Ihre Heizung Entlüften, um die angesammelte Luft herauszulassen. Falls Sie Zuhause Rollos haben sollten, dann lassen Sie diese runter, denn sie helfen dabei, die Kälte von draußen leicht zu dämmen.

Und wenn Sie schon Mal dabei sind den Heizkörper aufzudrehen, dann sollten Sie dies nicht nur ein wenig oder nur bis zur Hälfte machen, sondern für eine kurze Zeit komplett aufdrehen. Somit sparen Sie sich längere Heizkosten und haben den Vorteil, dass Ihre Wohnung in kürzerer Zeit warm bleibt.

Das Badezimmer

Im Badezimmer gibt es häufig 4 Geräte, welches einen tief in die Tasche greifen lässt. Die Waschmaschine sorgt für saubere Kleidung, doch hat dafür seinen Preis. Damit Sie den teuren Strom und Wasserverbrauch umgehen können, sollten Sie versuchen so wenig wie möglich die Waschmaschine zu nutzen. Sie sollten die Waschmaschine immer erst dann nutzen, wenn diese komplett voll ist.

Auch der Trockner ist hat sehr hohe Preise. Es ist fraglich, ob dieses Gerät eigentlich überhaupt gebraucht wird, denn ein Wäscheständer tut es auch. Natürlich hat ein Trockner den Vorteil, dass die Klamotten nicht so hart werden und bei kaltem Wetter kann ein Trockner schon ganz praktisch sein.

Doch wenn Sie Ihre Klamotten einmal bügeln und dann einen Tag länger an den Tag Klammern lassen, dann müssen Sie auch keinen so teuren Trockner kaufen und können sich die Betreibungskosten ersparen.

Das WC wird am Tag durchschnittlich 5-mal von einer dreiköpfigen Familie benutzt. Jedes Mal wird der WC Taster genutzt und das Wasser läuft komplett aus. Ein WC-Wasserstopp System mit zwei Tastern würde Ihnen eine Menge Wasserkosten ersparen, wenn Sie sich überlegen, wie viel Wasser bei einem Knopfdruck fließt.

Auch können Sie Ihren Duschkopf wechseln, denn mit dem fließenden Wasser, der ununterbrochen unter der Dusche fließt, sammeln sich hohe Wasserkosten an. Mittlerweile gibt es Wassersparduschköpfe, die das fließende Wasser regulieren. Die Anschaffung ist nicht mal ansatzweise so teuer wie ein Trockner. Aus diesem Grund sollten Sie versuchen sich auch so einen Sparduschkopf anzuschaffen, falls Sie häufig duschen sollten. Wenn Sie jedoch jemand sind, der alleine lebt und nur einmal pro Woche duscht, dann würde sich ein Kauf eher weniger lohnen.

Neben dem verschwendeten Wasser gehört auch verschwendetes Shampoo unter der Dusche. Auch die allseits beliebte Zahnpasta wird oft verschwenderisch genutzt. Mit einem Tropfen Shampoo oder Zahnpasta kriegen wir die gewünschten Stellen genauso sauber, wie als wenn wir eine große Tube nehmen. Achten Sie auf Ihren Verbrauch und kontrollieren Sie sich dabei selbst.

Die entscheidende Verbesserung

Ich möchte Ihnen ein abstraktes Bild der vorher genannten Tabelle zeigen. In diese Tabelle wird eine weitere Spalte hinzugefügt:

Analyse	Kontrolle	Verbesserung
Vorheizen des Ofens		
Heizung entlüften		
Waschmaschine benutzt		

In die Kontrollsparte wird nach jeder Umsetzung ein Strich gezogen, um an Ende zu sehen, wie oft Sie die analysierten Punkte auch wirklich umgesetzt haben. Nachdem Sie die Tabelle erstellt haben, wählen Sie eine bestimmte Summe aus. Als Beispiel nehmen wir Mal 200 Euro. Anschließend wird abgewogen, wie oft Sie einen Punkt nutzen müssen.

Die Heizung wird im Gegensatz zum Ofen weniger oft genutzt. In die Spalte Verbesserung wird in jede Zeile eine Summe eingetragen, die man nach jeder Nutzung in eine Spardose reinwirft.

Diese Summe soll als Ansporn dienen. Am Ende würde eine Tabelle wie folgt aussehen:

Analyse	Kontrolle	Verbesserung
Vorheizen des Ofens	III	5 Euro
Heizung entlüften	IIIII III	15 Euro
Waschmaschine benutzt	IIIII IIIII II	10 Euro

Würde man im Monat 15-mal den Ofen nutzen, 3-mal die Heizung entlüften und 8-mal die Waschmaschine nutzen, hätte man 200 Euro gespart.

Natürlich ist es nicht für jede Leserin gleich durchsetzbar, aber ich hoffe Sie verstehen, worauf ich hinauswill.

Sie müssen nur das <u>Mindset</u> annehmen, dass wenn Sie etwas diszipliniert sind, am Ende dadurch profitieren können. Sie könnten so beispielsweise als gesamte Familie profitieren.

Jede Person im Haus könnte sich eine eigene Tabelle erstellen, so würden Sie innerhalb eines Jahres einiges an Geld ansparen können.

Doch das viel Bessere kommt erst noch, denn um diese Summe zu sparen haben Sie ja nur durch eine kleine Veränderung erreichen können. Doch wir kommen nun zur Verbesserung. Wenn Sie sich dazu entschieden haben, einen Wasserduschkopf zu kaufen, den Trockner abzustellen, Mehrfachsteckdosen zu nutzen und Energiesparlampen zu verwenden, dann werden Sie bei der nächsten Abrechnung bemerken, dass Ihnen mehr Geld übrigbleibt als sonst.

Vielleicht sind es anfänglich nur wenige Euros, doch mit der Zeit summiert sich das Geld und durch weitere Sparmaßnahmen, wie beispielsweise neue günstigere Verträge abzuschließen, wird auch die angesparte Summe beträchtlicher. Alle Veränderungen werden sich summieren und der Nutznießer der ganzen Sache werden Sie sein.

Bevor Sie das erste Einsparen wieder ausgeben, sollten Sie erst einmal vergleiche ziehen. Errechnen Sie den Mittelwert der letzten 6 Monate an Nebenkosten und vergleichen Sie das nach der Veränderung im Haushalt. Sparen Sie das Geld an oder nutzen es sinnvoll aus.

Beispielsweise wäre eine sinnvolle Investition sich einen Zweitasten Wasserstopp zu kaufen oder weitere Mehrfachsteckdosen zu besorgen. Auch können Sie Ihr Geld vielleicht langfristig in Aktien bzw. Vermögenswerte investieren.

Für solche Themen ist dieses Buch jedoch ungeeignet. Allerdings würden Sie dadurch eine gute Erfolgsvoraussetzung für die Zukunft schaffen.

Das langfristige Denken

- Wie lange soll das gehen?
- Ist es nicht sehr umfangreich?
- Werde ich überhaupt Erfolg haben?

Das sind typische Fragen, die immer wieder gestellt werden, bevor man beginnt eine Veränderung vorzunehmen. Natürlich wird es nicht einfach sein, und es werden zu Beginn immer wieder Restzweifel bleiben. Vielen fehlt der Mut, eine langfristige Veränderung vorzunehmen, weil sie glauben zu scheitern.

Doch wie heißt es so schön: „Wer nichts wagt, der nicht gewinnt". Genauso ist es auch mit Ihrer Veränderung. Die Beibehaltung dieser obliegt allein in Ihrer Veränderung und nur Sie allein sind dafür verantwortlich, ob Sie Ihre Bestrebungen auch umgesetzt oder in den Sand gesetzt haben. Sie können eine Menge Geld sparen.

Doch wichtiger als das Geld selbst sind die eingesparten Kosten, sondern die Motivation durch den Erfolg, die Geduld bei Misserfolgen und ein System, welches Sie selbst Schritt für Schritt aufbauen müssen. Sie werden im nächsten Kapitel noch einige weitere Sparmaßnahmen kennenlernen, womit Sie sehr viel Geld sparen können, doch jetzt möchte ich Sie dazu einladen, dass Sie sich klar werden, wie wichtig es ist, das Geld sparen im Haushalt nicht zu vernachlässigen.

Bevor Sie überhaupt mit irgendetwas beginnen, müssen Sie in sich das tiefe Verlangen verspüren, auch wirklich etwas langfristig verändern zu wollen. Ansonsten werden Ihre Bestrebungen von Ihnen selbst nicht zu ernst genommen. Erst wenn Sie es zu Ihrer Priorität machen, werden Sie auch den nötigen Willen aufbringen, die Dinge in schlechten Zeiten durchzustehen. Seien Sie entschlossen genug um Geld zu sparen.

Sie sollten auch nicht dann erst versuchen eine Veränderung

herbeizuführen, wenn Sie Geldprobleme, Stress oder sehr viel zu tun haben. Sie werden so nämlich nicht die nötige Konzentration aufweisen, die Sie benötigen, um Ihr Ziel langfristig umzusetzen. Es darf nicht an der Konzentration und an der Auseinandersetzung mit dem Thema scheitern.

Dadurch dass Sie sich mit dem Thema auseinandersetzen, eignen Sie sich Wissen an und werden umso mehr Sparmaßnahmen entdecken. Sie können nichts erfolgreich umsetzen, wenn Sie nur mit Halbwissen an die Sache herangehen.

Sie haben die letzten Kapitel einige Informationen mit an die Hand bekommen, wie Sie Ihr ganz eigenes System entwickeln können. Sie müssen nur noch verinnerlichen, dass Sie eine Veränderung im Leben umso eher akzeptieren, je häufiger Sie es wiederholen. Versuchen Sie Ihre aufgeschriebenen Punkte in die Tat umzusetzen und das so oft es geht.

Mehrere Studien haben bewiesen, dass nach dreiwöchiger Wiederholung einer entschlossenen Veränderung diese zur Gewohnheit wurde. Das werden Sie ebenfalls erreichen.

Sie möchten schließlich Geld im Haushalt sparen. Im nächsten Kapitel erfahren Sie einige weitere Sparmaßnahmen.

Übernehmen Sie die Kontrolle

Nach der Analyse erfolgt die Kontrolle. Die Kontrolle ist vor allem zu Beginn sehr wichtig, bis Sie die neue Haushaltsroutine verinnerlicht und zur Gewohnheit gemacht haben. Die Kontrolle werden Sie auf verschiedene Art und Weise durchführen. Sie sollten drei unterschiedliche Auswertungen erstellen, für jeden Tag, ein Wochenabschluss an jedem Sonntag und am letzten Tag des Monats.

Für die Kontrolle am selben Tag können Sie eine Strichliste erstellen. Alle Veränderungen die Sie vorgenommen haben werden auf dem Zettel dokumentiert. Es ist wichtig, dass Sie die Kontrolle langsam angehen. Beginnen Sie am besten mit einem Zimmer und arbeiten Sie sich jeden Monat ein Zimmer weiter.

Um eine Veränderung durchzuführen und am Ende eine Routine zu erhalten, sollten Sie wirklich eine Strichliste führen. Jedes Mal, wenn Sie die analysierten Punkte durchführen, setzen Sie einen Strich in die Liste, um den Nutzen der der Verbesserung vor Augen zu haben. Es gibt eine weitere Kontrollmaßnahme: das Internet.

Nutzen Sie Vergleichsportale

Sie sollten jedes Quartal im Jahr dafür nutzen, um Ihre gesamten Verträge zu kontrollieren und vor Augen zu haben. Wie oft ist Ihnen bereits ein Dokument abhandengekommen und somit die Kündigungsfrist überschritten worden? Einiges von uns bestimmt einige Male. Wenn ich da nur an mein Fitnessstudio Abo nachdenke.

Damit Sie solche Vorfälle in der Zukunft vermeiden können, sollten Sie alle drei Monate im Jahr Ihre Verträge kontrollieren und nach der Kontrolle untersuchen, ob Sie im Internet eventuell nicht bessere Verträge finden. Diesbezüglich könnten Sie ein Blatt erstellen, welches folgende Informationen beinhalten soll:

- Vertragsname
- Vertragsdauer
- Vertragskosten

Unter diesen Punkten können Sie all Ihre Verträge auslisten, um nichts mehr zu verpassen. Dadurch erhalten Sie einen guten Überblick dazu, wie viel Sie eigentlich durch Veränderungen einsparen können. Wir können nur dann eine Verbesserung erwarten, wenn wir etwas Entscheidendes ändern.

Es gibt beispielsweise zahlreiche monatlich kündbare Handyverträge. Internet-Angebote, Krankenkassen oder Bankzinsen ändern sich ständig, daher sollten Sie auch immer auf dem Laufenden bleiben, um eventuelle Schnäppchen nicht zu verpassen.

Kümmern Sie sich auch um Ihre Strom-. Wasser- und Heizkosten. Das Kündigen und wechseln eines Vertrags kann eventuell etwas Aufwand erfordern und nimmt etwas Zeit in Anspruch, doch langfristig werden Sie dadurch eine Menge Geld sparen können.

Weitere Einsparmaßnahmen

Karten

Überflüssige Karten, Newsletter und Kataloge haben einen gewissen Reizeffekt auf uns. Payback-Punkte, treue Punkte, Gutschriften oder Rabattcodes führen Sie immer wieder zum zutreffenden Geschäft, um den Einkauf zu absolvieren. Meistens vergessen wir dabei zu vergleichen.

Es gibt bei anderen Supermärkten ebenfalls sehr viele günstige Vergleichsprodukte, doch wir sind aufgrund unseres Rabattcodes darauf fixiert, es unbedingt bei diesem einen zu kaufen. Sie sollten am besten alle Karten, bis auf die wo Sie immer Einkaufen gehen, auflösen und sich nur noch für Ihre Stammkarten konzentrieren. So schaffen Sie einen gewissen Überblick und ersparen sich eine Menge Zeit und Geld.

Vergleichsportale

Überwinden Sie Ihre Faulheit und vergleichen Sie Produkte. Um etwas zu erreichen, müssen Sie auch dementsprechend einen gewissen Aufwand betreiben. Die aktuellen Prospekte die Sie an Samstag zu Ihnen nach Hause geliefert bekommen, bieten eine gute Alternative um Vergleichsprodukte günstig zu ergattern.

Abgesehen von Prospekten können Sie auch sehr viele Dinge im Internet vergleichen. Bei Check24 oder Google können Sie jegliche Suchanfragen angeben und kriegen so gut wie immer eine passende Lösung.

Des Öfteren werden sie potenziellen Ersparnisse unterschätzt, man an den verbrauchten Sprit denkt.

Doch mittlerweile gibt es so viele unterschiedliche Supermärkte die alle sehr nah zu einem sind, dass es gar nicht mehr so ist, dass man dafür extra 3 Kilometer weit fahren muss. Suchen Sie sich einen freien Tag in der Woche aus und gehen immer dann Einkaufen.

Wenn Sie mal in mehrere Läden gehen müssen, dann können Sie daraus auch direkt einen Familiensparziergang machen. Sie können am Vormittag die leicht zu tragenden Dinge einkaufen gehen und am Abend den Wagen nutzen. So verbrauchen Sie auch nur die Hälfte des Sprits und sparen somit wieder gutes Geld.

Ausmisten und Verkaufen

Wenn Sie zu denjenigen Menschen gehören, die ihre Klamotten oder ungenutzte Ware in den Müll schmeißen, dann sollten Sie sich bitte bewusstwerden, dass Sie sehr viel Geld in den Müll schmeißen. Es gibt in Deutschland immer noch sehr viele Menschen, die trotz Arbeit „Second Hand" Klamotten tragen. Deshalb sollten Sie versuchen, Ihre Sachen zu verkaufen. Zum einen helfen Sie Menschen dabei sich besser zu fühlen, zum anderen füllen Sie Ihre eigene Tasche.

Online verkaufen

Jetzt stellt sich natürlich die Frage, wo genau Sie Ihre Sachen verkaufen könnten. Ich bevorzuge hierbei das Internet. Sie haben hier eine größere Reichweite, es ist bequem von Zuhause aus machbar und die Wahrscheinlichkeit ist viel höher das ein Mensch Ihr Artikel zu sehen bekommt und damit steigt auch das Kaufpotenzial.

Der Flohmarkt

Wenn Sie mit dem Internet nicht so vertraut sind, dann können Sie Ihre Sachen immer noch auf dem klassischen Vertriebsweg versuchen. Hier finden sich viele Schnäppchenjäger, Second Hand Käufer oder Menschen denen Ihre Artikel gefallen werden wieder.

Saisonaler Einkauf

Wenn Sie selbst etwas kaufen möchten, dann sollten Sie immer auf die aktuelle Saison achten. Wenn es beispielsweise um Ihre Lebensmittel geht, dann sollten Sie immer saisonal Einkaufen, da hier die Preise günstiger sind. Bei Klamotten hingegen sollten Sie genau andersrum handeln. Hier bietet es sich an, wenn Sie beispielsweise Winterjacken im Sommer kaufen, da hier die Nachfrage gering ist und dementsprechend auch der Preis nicht hoch sein kann.

Ratenzahlung

Hier trennen sich die Meinungen, ich möchte Ihnen beide Seiten vorstellen. Hier kommt zunächst die Contra Seite. Die Contra Seite bemängelt, dass mit der Ratenzahlung auch gleichzeitig die Fixkosten steigen, statt dass diese gesenkt werden. Und falls eine Ratenzahlung mal nicht unumgänglich sei, sollte diese auf jeden Fall mit einer 0% Finanzierung erworben werden. Sonst sei die Ware meistens teurer als der eigentliche Verkaufspreis.

Nun möchte ich Ihnen die Pro Seite vorstellen, in der ich mich auch selbst sehe. Es ist wichtig hierbei zu erwähnen, dass man hier standhaft bleiben muss, auch wenn die Preise sehr niedrig erscheinen. Man kann sehr leicht dem Irrglauben verfallen, dass man so viel Geld hätte und sich so viel leisten könnte, da der Preis ja so gering ist.

Ich bevorzuge es immer, wenn ich einen teuren Einkauf tätige, die längst mögliche Ratenzahlung auszuwählen. Es kann sein, dass der eigentliche Verkaufspreis dann etwas höher liegt, dafür aber muss ich keine Unsumme an Geld bezahlen. Ich habe also immer Geld beiseite und kann diese im schlimmsten Fall immer wieder einsetzen, beispielsweise wenn etwas schnell gekauft werden muss etc.

Auch kann es sein, dass sich uns eine sehr große Chance ergeben kann, aber da wir sehr schnell sehr viel Geld ausgegeben haben, wir uns dieser Möglichkeit berauben.

Aber auch hier sei noch mal erwähnt, dass wir dem Irrglauben verfallen können, uns teurere Sachen eher leisten zu können, weil Sie ebenso günstig sind, doch vergessen Sie niemals, dass lediglich die Kosten gesplittet werden und Sie auf der anderen Seite dann Einsparungen vornehmen müssen.

Nicht alle zwei Tage Einkaufen

Erstellen Sie einen Einkaufsplan. Sie kennen sicherlich auch das Problem, dass man meistens mehr einkauft, als man eigentlich vor hatte zu holen. Deshalb sollten Sie versuchen, die Dinge immer wöchentlich einzukaufen. Sie sollten nicht vorgestreckt einkaufen, denn es könnte sein, dass Sie sich verkalkulieren. Die Marketing Leute wissen ganz genau, wo sie wie ihre Produkte platzieren müssen, damit viele Kunden sich dieser bedienen. Mit dem wöchentlichen Einkauf entgehen Sie einer solchen Verlockung zwar nicht ganz, mindern diese aber sehr stark ein.

Essen und Trinken „ToGo"

In vielen Universitäten, Schulen und auf Arbeitsplätzen finden sich immer mehr Snack- bzw. Kaffeautomaten wieder. Meistens erscheinen diese Preise nicht allzu hoch, doch diese summieren sich sehr schnell. Wenn Sie sich beispielsweise jeden Tag eine Kleinigkeit kaufen, dann sind Sie schnell mal 20 Euro los. Mit 20 Euro jedoch können Sie sich vier bis fünf Kaffeepackungen kaufen, welche mehrere Monate ausreichen würden.

Selber kochen

Apps wie Lieferando machen es einem sehr einfach, Essen per Klick zu bezahlen. Es tut nicht weh, Sie müssen nichts weiter machen als die Zeit abzuwarten und kriegen dabei noch leckeres Essen serviert. Doch meistens sind Sie schnell 10 Euro los. Sie können mit weniger Geld nicht nur eine, sondern gleich mehrere Pizzen backen. Versuchen Sie daher den Besuch von solchen Läden zu minimieren und kochen Sie lieber Ihr Essen selbst.

Qualität

Kennen Sie die Sprüche „Wer günstig kauft, kauft doppelt" oder „Qualität zahlt sich aus"? Sie sollten Qualität immer bei teureren Produkten bevorzugen, beispielsweise wenn Sie sich eine neue Küche kaufen möchten oder ähnliches. Sie können dafür stattdessen bei Lifestyle Produkten ein Auge zudrücken und eher schlichtere Qualität bevorzugen. Eine Konsole für den Haushalt oder eine gut gebrauchte Soundanlage kosten meistens drei Mal so wenig. Selbst wenn diese also kaputt gehen sollte, können Sie Ausschau nach einer neuen, gebrauchten Soundanlage halt.

Kartenzahlung vermeiden

Es gibt mehrere Studien die beweisen, dass wir Bargeld zimperlicher ausgeben, als Geld in „Zifferform". Kartenzahlung können Sie damit vergleichen, wie einkaufen zu gehen mit leerem Magen. Sie werden sich schwer unter Kontrolle haben, da Sie genau wissen, dass Sie Ihr gesamtes Vermögen bei sich tragen und sich im Grunde genommen sehr, sehr vieles leisten können. Doch es ist hierbei wichtig, dass Sie sich gewisse Grenzen setzen und diese auch dementsprechend einhalten. Tragen Sie immer Bargeld bei sich und auch das nur so viel, wie Sie bereit sind auszugeben.

Onlinepreis

Die meisten Unternehmen bieten mittlerweile den Service an, dass wenn Sie bei einem Konkurrenten beim selben Produkt einen günstigeren Preis sehen, dieser übernommen wird. Sie können durch die Onlinepreise eine ganze Menge an Geld ansparen. Beispielsweise gelten Amazon Preise auch bei Media Markt.

Geld nur bei der eigenen Bank abheben

Aus Bequemlichkeit habe ich vor kurzem Geld von einer anderen Bank abgehoben und dabei nicht darauf geachtet, wie viele Mehrkosten mich das kosten würde. Im Nachhinein war ich dann doch etwas schockiert, dass ich für 20 Euro bis zu 5 Euro Gebühren zahlen musste. Auch Sie sollten in Zukunft darauf achten, nur bei den Banken Geld abzuheben, die mit Ihrer Bank kooperieren.

Ausleihen

Sollte Ihnen mal etwas fehlen, dann tätigen Sie nicht gleich einen Einkauf. Es kann sein, dass Sie dieses Produkt nur für diesen einen Augenblick umso mehr benötigen. Schauen Sie daher in Leihhäusern nach oder fragen Sie Freunde, Verwandte oder Nachbarn, ob sie Ihnen aushelfen könnten. Fehlt Ihnen mal ein Topf, da Sie unerwartet großen Besuch bekommen, müssen Sie nicht jetzt gleich 30 Euro ausgeben.

Weshalb ist nicht jeder, der finanziell erfolgreich sein will, reich? Diese und viele weiter Fragen stellen sich Tag für Tag Millionen von Deutschen. Die Antwort hierzu ist viel zu komplex, als dass sie angemessen in einem Buch thematisieren könnte. Deshalb möchte ich mich in diesem Buch vor allem an die Einstellung zum Geld wagen und Ihnen dabei helfen, Ihre Meinung und Einstellung zum Geld zu ändern, um langfristig Vermögend zu werden.

Wissen Sie, was alle nicht wohlhabenden Menschen gemeinsam haben? Sie können Ihre Gedanken nicht richtig lenken! Mit Gedanken meine ich den physiologischen und emotionalen Zustand. Sie können noch so talentiert und begabt sein, wenn Sie Ihren emotionalen Zustand nicht kontrollieren können, dann werden Sie langfristig nicht erfolgreich sein.

Sie können nicht so viel erreichen, wie Sie eigentlich könnten, wenn Sie sich überfordert, unsicher oder ängstlich fühlen. Dies beeinflusst Ihre Entscheidungen und untergräbt Ihre Fähigkeit, Ihre Ziele zu erreichen. Wenn Sie feststellen, dass Sie sich ständig machtlos fühlen und Sie dieses Gefühl nicht bekämpfen, erwartet Sie nur Misserfolg.

Sie werden mithilfe eines besseren Geisteszustands in der Lage sein, mehr und mehr dem Erfolg entsprechend zu handeln. In Ihren Überlegungen müssen folgende Punkte eine übergeordnete Rolle spielen:

- Sicherheit
- Vertrauen
- Klarheit
- Mut
- Überzeugung
- Ehrgeiz
- Leidenschaft

Überlegen Sie sich, inwiefern Ihre Überlegungen bezüglich des Geldes mit diesen Stichpunkten korrespondieren. Es ist natürlich ganz normal, dass wir nicht jede Minute unseres Lebens so managen können, wie wir uns das immer vorstellen. Wir sind Menschen, keine Roboter. Es ist geschehen Tag täglich so viele Dinge und wenn diese einmal nicht zu unseren Gunsten laufen, dann beginnen wir uns Ausreden zu suchen, weshalb es denn nicht so schlimm war nicht zu bekommen. Doch diese Wahrnehmung hindert Sie daran, dass vom Universum zu bekommen, was Sie auch verlangen. Wenn Sie mal einige finanzielle Rückschläge erleiden müssen, dann stellen Sie sich folgendes vor:

1. Stellen Sie sich Ihr Leben als Karte vor.
2. Ihr Ziel ist Reichtum, Geld, Macht und Ruhm.
3. Schritt 1: Nehmen Sie die Dinge so wahr, wie sie in Wirklichkeit sind.
4. Schritt 2: Sie Sie die Dinge besser an, als sie in Wahrheit sind.
5. Schritt 3: Erstellen Sie einen Plan, um dort hinzugelangen.

Arme Menschen haben zu unrealistische Ziele

Der Grund, weshalb die meisten Menschen nicht erfolgreich sind, liegt nicht daran, dass sie sich zu großem Ziel setzen. Es ist vielmehr so, dass sich diese Menschen so kleine Ziele setzen, und diese am Ende auch noch erreichen. Wenn Ihre eigenen Ziele zu niedrig sind, dann müssen Sie diese langfristig erhöhen. Ihre Ambition sollte steigen.

Entwickeln Sie eine kontinuierliche Hingabe, um weiter zu gehen, auch wenn Sie nicht mehr können. Setzen Sie sich keine durchschnittlichen Ziele, denn kein Mensch möchte einfach nur Durchschnitt sein. Sie möchten ja nicht in ein Fußballstadion gehen und dann damit zufrieden sein, wenn Ihre Fußballmannschaft eine durchschnittliche Leistung erbringt.

Auf der anderen Seite sollten Sie sich auch keine Ziele setzen, die viel zu hoch sind. Viele Menschen zweifeln ansonsten zu sehr an sich und hören vorher mit ihren Unternehmungen auf, statt weiterhin an ihrem finanziellen Erfolg zu arbeiten.

Sie sollten vielmehr ein großes, aber kein extrem unrealistisches Ziel verfolgen.

Das bedeutet beispielsweise, dass Sie statt einer Million eher versuchen sollten, 100.000 Euro zu erreichen, innerhalb einer genannten Zeitspanne. Dieses Ziel sollen Sie dann so lange in kleine Zwischenziele umformulieren, bis diese für Sie so einfach klingen, dass Sie gerne Ihren Zielen nachgehen. Trotzdem soll Sie das gesamte Ziel natürlich fordern. Die richtige Zielformulierung wird Ihnen dabei helfen, den Weg zur finanziellen Freiheit zu ebnen.

Arme Menschen haben schlechte/keine Mentoren

Machen Sie sich das Können eines Mentors zu eigen. Das Leben ist kurz und Ihre Zeit zu lernen und kreativ zu sein ist begrenzt. Wenn Sie versuchen, sich Wissen und Erfahrungen aus verschiedenen Quellen anzueignen, ohne dabei eine Anleitung in Anspruch zu nehmen, können Sie wertvolle Zeit vergeuden.

Folgen Sie lieber dem Beispiel vieler erfolgreicher Persönlichkeiten und suchen Sie sich ein geeigneter Mentor. Die Beziehung, die zwischen einem Schüler und ein Mentor entsteht, ist die effektivste und produktivste Form des Lernens.

Ein guter Mentor wird wissen, wie er Ihre Aufmerksamkeit in die richtige Richtung lenken und Sie herausfordern kann.

Sein Wissen und seine Erfahrungen werden auf Sie übertragen. Sie erhalten zudem ein direktes und realistisches Feedback zu Ihrer Arbeit und können sich so schneller verbessern. Des Öfteren ist es nämlich der Fall, dass Menschen immer eigene Interessen verfolgen und deshalb nie ein ehrliches Feedback abgeben. Ein Mentor profitiert allerdings ebenfalls von der Beziehung und ist deshalb der ideale Feedbackgeber.

Durch den intensiven Austausch eignen Sie sich die erfolgreiche Denkweise des Mentors an und können sie auf ihren ganz eigenen Bedürfnissen und Eigenarten anpassen. Suchen Sie sich den Mentor, der Ihren Bedürfnissen am besten entgegenkommt und ihrer Lebensaufgabe entspricht. Sobald Sie das Wissen des Mentors verinnerlicht haben, sollten Sie jedoch Ihren eigenen Weg weiterverfolgen und aus dem Schatten Ihres Mentors heraustreten.

Arme Menschen haben limitierende Glaubenssätze vom Leben und Geld

Arme Menschen nehmen an, dass sie Wesen widriger Umstände sind. Sie empfinden das Leben als nicht fair und hadern mit ihrem Schicksal. Reiche Menschen hingegen sind davon überzeugt, dass handelnde Ich sei einzig und allein für den Erfolg und Misserfolg verantwortlich. Sie denken, sie seien die Schöpfer von Umständen. Aus diesem Grund schaffen sie Möglichkeiten in ihrem Leben. Ich möchte Ihnen drei Dinge vorstellen, die Ihnen widerfahren können, wenn Sie glauben, dass Sie für Ihr eigenes Schicksal nicht verantwortlich sind:

- **Sie spielen das Schuldspiel:** Sie geben anderen die Schuld dafür, dass Sie nicht das haben, was Sie wollen. Der Staat, die Familie, der Chef, die aktuelle Wirtschaftslage oder der Mann auf Timbuktu: sie alle sind schuld, nur Sie nicht! Wenn Sie das wirklich glauben, dann werden Sie langfristig keine großen Ersparnisse und Erfolge erzielen können.

- **Sie begründen Ihre Situation:** Kennen Sie Sätze wie: „Es ist so, weil die Wirtschaftslage aktuell in Gefahr und ich nicht meine Ziele realisieren kann" oder „Es ist so, weil die Leute unfair sind, dass ich nicht habe, was ich will" oder „Es ist, weil Geld nicht wirklich wichtig ist." Wir begründen gerne unseren Misserfolg, um uns selbst kein schlechtes Gewissen zu machen. Doch ist das wirklich eine gute Lösung? Ich denke nicht!

- **Sie beschweren sich:** Sie beschweren sich und ziehen dadurch eine negative Realität an. Überlegen Sie kurz: Wenn Sie sich beschweren, worauf konzentrieren Sie sich dann? Auf die schlechten Dinge im Leben! Dadurch werden Sie ein Magnet, der nur schlechte Dinge anzieht. Außerdem müssen Sie sich von Leuten distanzieren, die sich beschweren, da sie Ihren Zustand negativ beeinflussen können.

Arme Menschen glauben, dass Geld keine entscheidende Rolle in ihrem Leben spielt. Reiche Menschen hingegen schätzen das Geld und wissen, dass es wichtig ist.

Ich möchte Ihnen damit nicht sagen, dass Geld etwas sei, dass als Obsession ausgerufen werden muss. Es ist trotzdem gut, genug Geld zu besitzen, denn mit Geld können Sie viel gutes für sich, Ihrer Familie und Ihren Mitmenschen tun.

Geld gibt Ihnen die Freiheit, diejenigen Dinge zu tun, die Sie tun möchten. Vielleicht macht Geld selbst nicht glücklich, doch die Dinge die Sie mit Geld anfangen können, schon eher. Und ein Mangel an Geld ist eine Garantie für Elend. Lösen Sie daher zuerst das Geldproblem und dann Ihre anderen Probleme.

Erfolglose Menschen versuchen das Rad neu zu erfinden

Arme Menschen versuchen immer, etwas Spektakuläres und Neues zu finden, um reich zu werden. Das ist kein so gutes Vorgehen. Anstelle einer absoluten Neuheit, bei der Sie noch nicht einmal wissen, ob diese überhaupt erfolgreich sein und Bestand haben wird, wäre es viel klüger ein bewährtes System auszuwählen, wo Sie genau wissen, dass es funktioniert und Ihnen auf dem Weg zum Erfolg helfen wird.

Warren Buffet, einer der reichsten Menschen und Aktionäre der Welt, sagte: „Ich versuche Aktien in Unternehmen zu kaufen, die so wunderbar sind, dass ein Idiot sie führen könnte. Denn früher oder später wird ein Idiot das tun." Suchen Sie nach bewährten Strategien und nach Menschen, die erfolgreich in der Branche sind, in der Sie ebenfalls tätig sein möchten. Lernen Sie von diesen und übernehmen sowohl das Konzept, als auch das System derjenigen Menschen. Ein neues Rad zu erfinden kann zwar profitabel sein, doch auf der anderen Seite wird es sehr viel Zeit, Energie, Geld, Aufmerksamkeit kosten und am Ende wird man nie genau wissen können, ob das Vorhaben auch wirklich von Erfolg gekrönt sein wird.

Arme Menschen sind im Geschäft schlecht

Wenn Sie keine Geschäftserfahrung besitzen, dann ist es nichts, für das Sie sich schämen müssten. Niemand wird mit unternehmerischen Fähigkeiten geboren. Jemand muss Ihnen dieses Wissen beibringen oder viel eher „zeigen". Deshalb ist es umso wichtiger, dass Sie einen Mentor finden, denn so stellen Sie sicher, dass Sie die besten verfügbaren Informationen erhalten.

Erfolglose Menschen werden von der Angst kontrolliert

Angst ist ein natürlicher Bestandteil der Geschäftswelt. Wenn der Weg zum Erfolg klar und unfehlbar wäre, dann wären wir alle wohl wohlhabend. Weil der Weg eben nicht so ist, wird jeder von uns mit Situationen konfrontiert, die uns ängstlich machen. Es gibt allerdings drei unterschiedliche Möglichkeiten, Angst zu bewältigen. Die ersten beiden Optionen verhindern die Chance auf ein erfolgreiches und gesundes Leben, während die dritte die Denkweise bietet, die Sie benötigen, um Angst zu Ihrem Vorteil nutzen zu können.

Einige Menschen geben vor, dass Angst für sie nicht existiert. Diese Menschen, die Angst durch Ignoranz verwalten, geraten in ein Leben voller Armut und Elend, denn in dem Moment wo Angst ignoriert wird, kontrolliert er uns und diese Menschen besitzen nicht das nötige Wissen, um dann mit der Angst richtig umzugehen.

Andere Menschen handeln trotz Angst. Diese Art des Umgangs mit der Angst ermöglicht es Ihnen, trotz der Angst bestimmte Ziele zu erreichen. Es führt jedoch zu Angstgefühlen. Was nützt es, reich zu sein, dabei aber unter ständiger Angst zu leiden? Man macht sich ständig Gedanken wie: „Was, wenn ich scheitere?", „Was passiert, wenn ich mein Ziel nicht erreiche?". Das führt zu einer Situation, in der jede Entscheidung hinterfragt wird und die Angst wieder einen regiert.

Erfolgreiche Menschen greifen auf Angst zu wie ein Tool und lassen sich dadurch motivieren.

Diese Menschen erreichen ihre Ziele und tun dies, indem sie ihre Angst erkennen, ohne ihre Freude am Erfolg ruinieren zu lassen.

Arme Menschen kennen sich mit „Verkauf", „Marketing" und „Überzeugung" nicht aus

Wir verkaufen ständig etwas, unsere Dienste, unser Vorhaben oder gar uns selbst, beispielsweise um beim anderen Geschlecht zu punkten. Entweder wir lernen zu verkaufen oder wir scheitern. Vielleicht verkaufen Sie (noch?) keine Produkte, aber Sie müssen die Möglichkeit haben, sich selbst und Ihre Konzepte zu verkaufen.

Sie sollten ebenfalls die Kunst des Überzeugens beherrschen, denn auch Warren Buffet, der selbst kein Verkäufer ist, meinte, dass Überzeugungskraft seine wichtigste Fähigkeit ist. Sie sollten lernen effektiv zu überzeugen, damit Menschen in Sie „investieren". Wenn Sie in der Lage sind, Ihre Visionen zu verkaufen, dann folgen Ihnen die Menschen auch.

Sie könnten selbst ein Heilmittel gegen Krebs finden, und dennoch würde keiner in Ihre Idee investieren, wenn Sie nicht in der Lage wären, diese Menschen für Ihr Vorhaben zu überzeugen. Wenn Sie andere nicht dazu bringen können, in Ihre Idee zu investieren, dann werden Sie auch langfristig Ihre Ziele nicht erreichen.

Die Warteschlange

Sparen ist ein wichtiger Eckpfeiler für ein reiches Leben. Es ermöglicht uns, zu investieren und unser Geld wachsen zu lassen, sowie Dinge zu tun, die wir in der Zukunft wollen. Dabei müssen Sie nicht auf jede Kleinigkeit verzichten, die Sie lieben. Wenn wir uns den kleinen Genüssen im Leben berauben, ignorieren wir die großen Siege, durch die wir am meisten sparen und verdienen können. Wenn Sie Geld sparen möchten, ohne sich mit Kleinigkeiten zu beschäftigen, wie beispielsweise einem leckeren Kaffee, gibt es zwei Sachen, auf die Sie sich konzentrieren sollten:

Automatisieren Sie Ihre Finanzen, um Stress zu vermindern. Sie werden durch den Versuch gestresst, herauszufinden, was Sie mit Ihren Ersparnissen tun können. Erzielen Sie große Gewinne, es ist viel einfacher, 30 Euro am Tag mehr zu verdienen, als 3 Euro am Tag einzusparen. Dies sind zwei der grundlegendsten Aspekte, wenn es darum geht, Geld zu sparen.

Wenn Sie Ihre Gewinne automatisieren und sich auf die großen Gewinne konzentrieren, werden Sie ein enormes Wachstum Ihrer Ersparnisse sehen können. Der positive Nebeneffekt sollte ebenfalls nicht kleingeredet werden: Sie können nämlich all diese Dinge in wenigen Stunden erledigen und müssen dann nachher nicht mehr darüber nachdenken.

Ein Grund, weshalb wir nicht regelmäßig sparen, liegt unter anderem daran, dass wir jeden Monat Geld auf unsere Sparkonten überweisen.

Und so wie wir uns köstlichen, perfekt geschäumten Latten berauben, könnten wir ein oder zwei Mal Geld sparen - aber, wenn wir JEDEN Gehaltsscheck entscheiden müssen, erwartet uns nur Misserfolg.

Deshalb funktionieren automatisierte Finanzen so gut. Sie können beginnen, Ihre Finanzen zu dominieren, indem Ihr System passiv das Richtige für Sie tut. Anstatt jeden Tag über das Sparen nachzudenken -

setze es und vergiss es. Dazu benötigen Sie heute nur noch eine Stunde, um diese Schritte auszuführen richten Sie Ihre Rechnungen so ein, dass sie am 1. des Monats an Sie gesendet werden vorausgesetzt, dass Sie am 1. des Monats bezahlt werden. Wenn nicht, passen Sie einfach den Tag entsprechend an. Rufen Sie Ihre Kreditkarte, Elektrofirma, Internet Service Provider, Netflix, was auch immer, und lassen Sie sie an diesem Tag berechnen. Dies rationalisiert den Prozess und ermöglicht Ihnen zu wissen, wann genau Ihre Rechnungen bezahlt werden müssen. Es kann ein paar Monate komischer Abrechnung geben, während sich Ihre Konten anpassen, aber es wird sich danach glätten.

Setzen Sie Geld in Ihren Rentenplan

Bevor Ihr Gehaltsscheck auch in Ihr Girokonto eingezahlt wird, vergewissern Sie sich, dass Sie Ihren Rentenplan bei Ihrem Arbeitgeber eingerichtet haben und dass Sie mindestens genug Geld einzahlen, um das Arbeitgeber-Spiel abzuholen. Es bedeutet im Grunde, dass für jeden (vor Steuern!) Euro, den Sie beisteuern, wird Ihr Unternehmen auch fünf Cent oder zehn Cent zahlen. Dies stellt sicher, dass Sie die Vorteile Ihres Arbeitgebers in vollem Umfang nutzen. Lassen Sie sie Ihnen helfen, mehr Geld für den Ruhestand zu sparen.

Automatisieren Sie Ihr Girokonto

Sobald Ihr Gehaltsscheck tatsächlich bei Ihrem Girokonto ankommt, wird das Geld nun an 4 verschiedene Orte überwiesen: Manche Finanzberater fühlen sich gelegentlich bei bestimmten Kunden neidisch.

Nicht wegen ihres Reichtums, sondern weil sie diszipliniert und entschlossen genug waren, alles zu tun, was ihnen ermöglichte, ihren Reichtum anzuhäufen. In vielen Fällen konnten sie in Rente frühzeitig gehen.

Trotz Expertise ist es für mich, wie für viele andere Menschen, manchmal eine Herausforderung, die falschen Dinge nicht zu tun, die Reichtum zu einer Illusion machen. Finanziell verantwortungsbewusste und erfolgreiche Menschen bauen ihr Vermögen nicht zufällig. Auch über Nacht klappt es nicht. Reich zu werden erfordert ernsthafte Willenskraft und langfristige Vision.

Sie müssen in der Lage sein, den Preis der finanziellen Freiheit im Auge zu behalten, bereit zu sein, Ihre gegenwärtigen Wünsche für Ihre Zukunft zu opfern und gute Gewohnheiten zu entwickeln, um zu gewinnen.

Hier sind einige Gewohnheiten, die Sie jetzt in die Praxis umsetzen können.

Früh beginnen

„Nur der frühe Vogel fängt den Wurm" ist ein altbekanntes Sprichwort, welches vor einigen Jahren, noch ohne wissenschaftliche Relevanz, schon sehr wichtig war und heutzutage mehr denn je eine gewisse Aktualität besitzt. Je früher Sie damit beginnen, Ihr Geld für sich arbeiten zu lassen, umso mehr hat es auch Zeit zu wachsen. Ein Gehalt zu verdienen, egal ob Sie Selbstständig sind oder bei einer Firma arbeiten, bedeutet die Gelegenheit, zu einem Rentenplan beizutragen, was eine tolle Möglichkeit ist.

Sie müssen sie sofort ausnutzen. Wenn Sie das unbeschreibliche Glück haben, einen Job bei einer Firma zu bekommen, die einen entsprechenden Beitrag zu Ihrem Ruhestandplan anbietet, müssen Sie es sich zur Priorität machen, sich an dem Plan zu beteiligen, sobald Sie dazu berechtigt sind.

Denken Sie darüber nach: wenn Sie 10.000 Euro investiert haben und es für 40 Jahre wachsen lassen, bei einer durchschnittlichen Rendite von 8% pro Jahr, würden Sie am Ende 217.000 Euro verdienen. Wie auch immer Ihre aktuelle finanzielle Lage ausschauen mag, sparen können die meisten von uns, und Geld zu sparen und zu investieren wäre heute besser als morgen.

Automatisieren

Wenn Sie den ganzen Verlockungen um sich herum nicht widerstehen können, und jeder Versuchung nachgehen, in der Sie Ihres Geldes beraubt werden, dann können Sie sehr sicher sein, dass Sie mit einem solchen Vorgehen nur extrem schwer Geld sparen können. Am besten schützen Sie sich vor sich selbst, indem Sie Ihre Ersparnisse automatisieren. Das bedeutet, dass Sie regelmäßige Überweisungen von Ihrem Girokonto zu Ihren Spar- und Anlagekonten einrichten. Auf diese Weise verpflichten Sie sich dazu, schlechte Geldgewohnheiten zu vermeiden und das zu sparen, was Sie normalerweise eher ausgeben würden. Wenn Sie es noch nicht getan haben, dann legen Sie jetzt 15 Minuten in Ihrem Kalender fest.

Maximieren Sie Ihre Beträge

Wenn es um Altersvorsorgebeiträge geht, wurde Ihnen wahrscheinlich geraten, dass Sie klein anfangen beginnen und dann versuchen sollten, den Betrag jedes Jahr um mindestens 1% zu erhöhen, bis Sie den Maximalbetrag erreicht haben. Wenn Sie aufschieben, dann ist ja auch ein kleiner Startbeitrag besser als keiner.

Das Problem hierbei ist nur, dass kleine Anstrengungen zu kleinen Ergebnissen führen können. Wenn Sie allerdings reich werden möchten, dann müssen Sie sparen, es gibt keinen anderen Weg. Und das bedeutet, dass Sie den maximal erlaubten Betrag vom Anfang einbringen.

Dies gilt insbesondere dann, wenn Sie später im Leben sparen und nachholen müssen. Sie werden sich vielleicht Sorgen machen, dass Ihr Beitrag durch die Maximierung Ihrer Beiträge zu knapp wird, aber es ist einfacher, sich an die Gewohnheit zu gewöhnen, weniger auszugeben, wenn Sie nicht extra Geld für den ersten Platz ausgeben. Es ist viel schwieriger, Ihr Budget Jahr für Jahr zu verkleinern, um den steigenden Beiträgen zu schaffen.

Sparkonto: Hier sollten Sie "Sub-Sparkonten" für langfristige Ziele wie Ihre Hochzeit, Urlaub oder Anzahlung auf Ihr Haus verwenden (mehr dazu später). Viele Banken bieten die Möglichkeit, kleinere Unterkonten auf Ihrem normalen Sparkonto anzulegen - perfekt für die Zielsetzung.

Kreditkarte: Machen Sie automatische Zahlungen für wiederkehrende Dienstleistungen wie Netflix, Birchbox und Fitnessstudio-Mitgliedschaften mit Ihrer Kreditkarte. Auch wenn Sie Ihren Rentenplan maximieren, werden Sie viel schuldfreies Taschengeld für

Dinge wie die gelegentliche Nacht oder lustige Einkäufe haben, die Sie machen möchten.

Melden Sie sich auf der Website Ihrer Kreditkarte an und richten Sie automatische Zahlungen mit Ihrem Girokonto ein, damit Ihre Kreditkartenrechnung jeden Monat bezahlt wird. Sie können sicher sein, dass Sie genug Geld bei der Überprüfung haben, weil Sie bereits automatische Zahlungen mit allem anderen eingerichtet haben.

Verschiedene Rechnungen: Diese sind für Rechnungen, die nicht mit einer Kreditkarte wie Miete, Elektrizität, Wasser und Gas abbezahlt werden können.

Richten Sie sich daher so ein, dass Ihr Girokonto automatisch Geld in diese vier Bereiche auf der Website Ihrer Bank sendet oder Sie können auch ganz bequem Ihrer Bank Bescheid geben und so alle notwendigen Schritte einleiten.

Wie Sie richtig viel Geld sparen können

Reichtum zu erlangen ist vielmehr als nur viel Geld anzuhäufen. Es geht auch darum, die Geistesgewohnheiten zu kultivieren, die das Sparen zur zweiten Natur machen. Ich möchte Ihnen einige mentale Tricks vorstellen, mit deren Hilfe Sie Ihre finanzielle Lage schneller verbessern können. Legen Sie ein Einsparziel fest, das Ihrer Meinung nach fordernd, aber nicht übertrieben klingt.

Treffen Sie keine finanziellen Entscheidungen nach einem anstrengenden Arbeitstag

Sparen viel mehr, wenn Sie sich mächtig fühlen, selbst wenn es aus einem eigenartigen Grund geschieht. Eine aktuelle Studie im Journal of Consumer Research fand heraus, dass Menschen, die gerade Fragen beantwortet hatten, während sie auf einem hohen Stuhl saßen, eher Geld sparen konnten als diejenigen auf einem niedrigeren. Ein hilfreicher Tipp: Überlegen Sie sich Ihre finanziellen Aufgaben für „gute" Tage, wenn Sie sich stark fühlen.

Das Budget ist wichtig

Wenn einige Ratenzahlungen kurz vor der Beendigung sind, dann sollten Sie nicht gleich die freigewordene Menge an Geld dafür verwenden, um Ihre Ausgaben zu erhöhen. Vielmehr sollten Sie das komplette Geld aus den Ratenzahlungen dafür nutzen, um es zu sparen. Sie haben sich schließlich auf das bisherige Budget gewöhnt und konnten so Ihren Lebensstil beibehalten.

Loben Sie sich für Ihre Bemühungen

Nur Sie selbst können sich zum Sparen ermutigen. Sie haben nun die Möglichkeit, mit Ihrem zukünftigem Ich zu kommunizieren. Gehen Sie zur Website FutureMe.org und senden Sie sich eine E-Mail, die Sie zu einem späteren Zeitpunkt erreichen soll. Beispielsweise dann, wenn Sie wissen, dass am Ende des Jahres Sie Weihnachtsgeld erhalten, dann schicken Sie sich eine Erinnerung, um das Geld für den Ruhestand beiseite zu legen. Für ein solches Vorgehen sollten Sie sich selbst loben, denn sonst wird es kein anderer tun.

Sind Sie bereit reich zu werden?

In den folgenden Seiten werden Sie einen kurzen Selbsttest machen, damit Sie ungefähr abschätzen können, wie gut Sie bisher auf „Erfolg" programmiert sind. Geben Sie sich Punkte auf einer Skala von 10, das ist immer der Fall, bis 0, das ist nie der Fall. Das Punktesystem ist wie beim Golf: Je kleiner, umso besser.

Sie können Ihren Zustand nicht kontrollieren. Sie fühlen sich oft überfordert, unsicher oder ängstlich über Entscheidungen oder Ereignisse in Ihrem Leben. Wenn etwas schief geht, geben Sie anderen die Schuld, statt die Situation so anzunehmen wie sie ist.

Ihre Punktzahl: _____

Sie setzen sich unfähige Ziele. Sie stellen immer wieder fest, dass Sie oft Ihre Ziele mit wenig Aufwand erreichen, oder dass Ihre Ziele so hoch sind, dass Sie nach einer gewissen Zeit resigniert aufgeben.

Ihre Punktzahl: _____

Sie glauben, dass Sie durch einfaches Fokussieren Ihrer Gedanken bestimmte Ereignisse ohne jegliche Handlung erreichen können.

Ihre Punktzahl: _____

Sie haben nur vage Vorstellungen vom Leben und vom Geld. Sie nehmen an, dass Sie ein Wesen der Umstände sind und dass Sie Ihr eigenes Schicksal nicht kontrollieren können. Sie machen alles und jeden für Ihre aktuelle Lage verantwortlich oder beschweren sich, weshalb Sie nicht die Dinge besitzen, die Sie wollen.

Ihre Punktezahl: _____

Sie wählen schlechte Mentoren aus. Sie sind sich nicht sicher, ob seine Leistungen gut genug sind. Oder vielleicht duldet Ihr Mentor gieriges Verhalten und hat eine Ethik, die mit Ihrer eigenen nicht übereinstimmt.

Ihre Punktezahl: _____

Sie werden von der Angst überwältigt. Sie denken, dass Sie keine Angst haben und dass Sie Ihre Entscheidungen auf keine Weise beeinflusst, oder Sie erkennen Ihre Angst und treffen Entscheidungen trotz der Angst, aber Sie fühlen sich oft unzufrieden mit den Entscheidungen, die Sie getroffen haben.

Ihre Punktezahl: _____

Sie versuchen das Rad neu zu erfinden. Ihr Erfolgssystem hat keine zuverlässige Erfolgsbilanz, da es neu oder nicht getestet ist.

Ihre Punktezahl: _____

Sie sind schlecht im Geschäft. Sie haben vielleicht einen Job oder haben einige Seminare besucht, aber Sie haben wenig oder gar keine Erfahrung in der Praxis, um Ihr eigenes Geschäft zu führen.

Ihre Punktezahl: _____

Wörter wie Marketing, Verkauf oder Überzeugung sind Ihnen ungeheuer. Sie haben das Gefühl, dass Sie nicht die Fertigkeiten besitzen, sich und Ihre Ideen effektiv zu verkaufen.

Ihre Punktezahl: _____

Sie rackern sich für das Gehalt ab. Sie sind in keiner kommissionsbasierten Position und arbeiten für andere.

Ihre Punktezahl: _____

Ihre Gesamtpunktzahl: _____

Auch wenn Sie all jene Dinge tun und 100 von 100 Punkten erreicht haben, dann ist immer noch nicht Schicht im Schacht. Sie haben immer die Möglichkeit, Ihr Leben von Grund auf zu ändern, wenn Sie nur an den entscheidenden Stellschrauben drehen. Auch wenn Sie 0 von 100 Punkten erreicht haben, bedeutet das nicht, dass Sie in Ruhe aufhören können. Es gibt immer etwas Neues zum Lernen, also handeln Sie!

Wir sind auch am Ende dieses Buches angekommen, daher möchte ich Ihnen noch einen wichtigen Ratschlag mit auf den Weg geben. Sie müssen Ihre Überzeugungen und Vorstellungen ändern. Um das Alter von 50 Jahren sparen Menschen am häufigsten.

Stellen Sie sich Ihr Ziel nicht als Pauschalbetrag vor, der abstrakt sein kann, sondern als monatliches Renteneinkommen. Eine Studie im Journal Public Economics fand heraus, dass Sparer, denen Einkommensprognosen gezeigt wurden, mehr sparten.

Doch um alles noch einmal zusammenfassend zu erklären, hier eine kleine Zusammenfassung aller Punkte:

Wir können im täglichen Leben, in den Ferien, bei den Ausgaben und bezüglich der Investitionen Geld sparen. Das beste Geheimnis, um Geld zu sparen, sind die besten Tipps anzuwenden. Spartechniken sind unkompliziert umzusetzen. Einige Anwender profitieren gleich doppelt. Warum? Zum einen ist dank der Tipps mehr Geld vorhanden und Sie leben ein gesünderes Leben.

Egal, ob Sie ein Sparer sind, sparen, um im entsprechenden Alter in den Ruhestand zu gehen oder ob Sie davon träumen, Geld für etwas Bestimmtes zu brauchen –

Holen Sie die Inspiration aus den nachfolgenden Tipps:

Spar Tipp #1: Kennen Sie Ihre Ausgaben

Sind Ihnen Haushaltsbücher zu zeitaufwändig? Das ist kein Problem. Es ist wichtig, dass Sie wissen, wie viel Ausgaben Sie jeden Monat haben. Die meisten kennen sicherlich die monatlichen Ausgaben wie Miete, Versicherungen, Mobiltelefone, etc., aber was ist mit Ausgaben, die nicht so einfach im Überblick zu behalten sind? Freizeit? Konto? Einkaufen? Ein einfacher Trick hilft Ihnen bei der Ermittlung dieser Kosten: Schätzen Sie die Kosten eines Monats doch einfach einmal ab. Dann heben Sie das Geld am Monatsanfang bar ab. Nun bezahlen Sie alles von diesem abgehobenen Geld, was Sie jeden Monat als Ausgaben haben. Wird Ihnen vor Ende des Monats das Geld ausgehen?

Reicht Ihnen das Geld bis zum Monatsende? Oder müssen Sie zwischendurch nochmals Geld abheben? Am Ende des Monats haben Sie einen entsprechenden Überblick darüber, wie viel Geld Sie für Ihr normales Leben benötigen. Nach nur 2 bis 3 Monaten kennen Sie zu 100 Prozent Ihre kompletten Ausgaben.

Spar Tipp #2: Tagesgeld als Alternative für die Notreserve ansehen

In jedem Fall müssen Notreserven sofort verfügbar sein. Solche Reserven können entweder Bargeld oder ein aktuelles Tagesgeldkonto sein. Viele Anbieter bieten Sparplanoptionen an, sodass Sie die Flexibilität haben, den Sparbetrag jeden Monat auf Ihr tägliches Währungstagegeldkonto einzuzahlen.

Wenn Sie beispielsweise die Regel einführen, dass Sie von nun an zu Beginn des Monats automatisch eine bestimmte Einzahlung auf Ihr Tagesgeldkonto machen, dann funktioniert es auch einwandfrei. Das Geld verzinst sich zum tagesaktuellen Zinssatz. Welches Konto sollten Sie verwenden, wenn Sie sparen möchten? Wenn Sie beispielsweise ein kostenloses Konto bei einer großen Bank eröffnen, erhalten Sie normalerweise die Tagesgeldwährung.

Spar Tipp #3: Die 5-Euro-Spardose

Das ist jetzt kein Witz. Machen Sie sich einmal den Spaß und nehmen Ihre Spardose jeden Tag zur Hand. Dann sortieren Sie Ihre Cent-Münzen. Die kleineren Cent-Beträge erscheinen im ersten Moment sicherlich nicht als wichtig. Aber nach ein paar Monaten bemerken Sie es: Nun haben Sie mehr Geld zur Verfügung, obwohl Sie es wegen der Cents erst nicht mitbekommen haben, aber jetzt ist eine schöne Summe zusammengekommen.

Wenn Sie es nun schon sehr gut mit den Cent-Münzen geschafft haben, können Sie eine kleine Steigerung versuchen: Probieren Sie die 5-Euro-Herausforderung. Das Prinzip ist das gleiche wie bei den Cent-Münzen, außer dass fortan die 5-Euro-Scheinchen aufbewahrt werden. Nach einigen Monaten sparen Sie somit Hunderte von Euro.

Spar Tipp #4: Verstehe die Grundlagen von diversen Investitionen

Ersparnisse sind ein wichtiger Hebel, um Ihren Wohlstand aufzubauen. Wenn Sie Ihr Geld jedoch langfristig nur auf Ihrem Sparkonto behalten, werden Sie damit nicht mehr Geld verdienen, sondern weniger, da die Inflation die Kaufkraft verringert. Daher sollten Sie mit den Grundlagen des Investierens vertraut sein. Sie müssen dafür kein mathematisches Genie sein, um sich dieses Wissen anzueignen.

Hier hilft eine individuelle Weiterbildung / Wissensaneignung, mit der Sie aus den Fehlern anderer Menschen lernen. Wenn Ihre Notreserven auf einem Tagesgeldwährungskonto gelandet sind, können Sie lernen, wie Sie beispielsweise in Aktien oder P2P-Kredite investierst.

Im Vergleich zu Tagesgeld kann die Rendite hier höher sein. Wenn Sie die Gefahren und Fallstricken in Erfahrung bringen und Strategien für sich individuell entwickeln, können Sie diese im Handumdrehen umsetzen. Nur wer die Auswirkungen seiner finanziellen Entscheidungen kennt, kann falsche Auswirkungen vermeiden.

Spar Tipp #5: oft selbst kochen

Auf lange Sicht gehen Fast Food, Restaurantbesuche und der Kaffee-to-Go richtig ins Geld. Du kannst Ausgaben, die gesundheitsschädlich sind oder durch Faulheit verursacht werden, direkt storniert werden. Also Sie dürfen die schönen Sachen gern aus Ihrem jetzigen Leben streichen.

Allerdings sind Essensausflüge, die für Ihre Lebensfreude zugutekommen, vollkommen erlaubt. In jedem Fall Sie sich sich selbst fragen, ob Sie Ihr Lieblingsgericht bei Ihrem Italiener, Chinesen oder Portugiesen nicht einmal selbst kochen möchtest... mit Ihren eigenen Händen. Das Kochen kann sogar einem Single Spaß machen. Immerhin lernen Sie neue Fähigkeiten kennen. Dadurch sparen Sie Geld, da das Selbstkochen günstiger als die Restaurantbestellung. Wenn Sie selbst kochen, neigen Sie gleichzeitig dazu, gesünder zu essen, um Ihre Gesundheit ein Leben lang auf Vordermann zu bringen.

Zwei schnelle Tipps zum Kochen: Wenn Sie beim Erhitzen den Deckel auf dem Topf lassen, verbrauchen Sie weniger Energie. Sie können das gewünschte Wasser im ersten Schritt im Wasserkochen erhitzen, um so Stromkosten zu sparen, die Sie üblicherweise auf einem Elektroherd verbraucht hättest.

Spar Tipp #6: Wöchentliches Einkaufen und Preise pro Kilo beachten

Wenn Sie es sich angewöhnen, einmal in der Woche einkaufen zu gehen, anstatt zu viele Spontankäufe zu machen, hat dies zweierlei Vorteile: Sie kaufen gesündere Lebensmittel und sparen gleichzeitig Geld. Dies liegt daran, dass Sie jeden Tag bereits durchgeplant haben. Deshalb wissen Sie ab sofort, was Sie für Ihre selbstgekochten Gerichte täglich brauchen und können daraufhin einkaufen.

Mit der Zeit wird es immer seltener, dass Sie ungesunde Lebensmittel essen und die Spontankäufe komplett vergessen, da Sie ab sofort nur einmal in der Woche einkaufen gehen.

Gleichzeitig können Sie wöchentlich in Ihrem Lieblingsgeschäften einkaufen, die möglicherweise weiter entfernt sind als teurere Lebensmittelgeschäfte (gleicher Qualität). Beim Einkaufen ist es empfehlenswert, dass Sie die Kilopreise im Überblick behalten und miteinander vergleichen. In der Regel ist es oft bei Gemüse und Obst der Fall, dass verschiedene Marketingtechniken dieselben Produkte doppelt so viel anpreisen und so das Geld abluchsen. Aus diesem Grund ist der Blick auf die Kilogrammpreise bedeutend.

Kleiner Tipp: Sie sollten nie hungrig zum Einkaufen gehen, damit Sie ungesunde und unnütze Lebensmittel vermeiden.

Spar Tipp #7: gebrauchte Gegenstände, B-Ware, Ausstellungsstücke

Wenn Sie in Ihrem täglichen Leben Geld sparen möchten, können Sie sich angewöhnen, vor dem Kauf zu prüfen, ob die von Ihnen verwendeten Artikel ungünstig sind, sie auch gebraucht zu kaufen. Normalerweise bemerken wir nach einer Woche nicht mehr, ob das Fahrrad, das Kleid oder ein Fahrzeug neuwertig oder gar gebraucht gekauft wurde, wenn es bereits ausgiebig genutzt wurde.

Der größte Vorteil ist, dass Sie viel Geld gespart haben, weil Sie weniger Geld für Ihre Anschaffung ausgegeben haben, um es zu kaufen, und Sie haben am Ende sogar weniger Verlust, aber vielleicht auch einen extremen Gewinn gemacht, da Sie Ihre Anschaffung weiterverkauft haben. Zum Beispiel kann das von Ihnen gekaufte Fahrrad nach einigen Monaten oder Jahren seltener Nutzung wieder zu einem höheren Preis verkauft werden. Damit sparen Sie ebenfalls Geld.

Sie können Geld und Zeit sparen, indem Sie Gegenstände leihen oder gar verleihen. Wenn Sie beispielsweise Werkzeuge benötigen, können Sie diese ausleihen. Für den Fall, dass Sie diese Werkzeuge nicht oft benötigen, ist es nicht zwingend notwendig, dass Sie sich selbst eine Bohrmaschine, eine Kreissäge, einen Presslufthammer, etc. zulegst. Ehe Sie sich einen Artikel kaufen, lohnt es sich, nach etwas zum Ausleihen zu suchen oder die eigenen Freunde, Familienangehörige oder Kollegen zu fragen.

Größere Werkzeuge wie Presslufthammer oder elektrische Kreissägen können gegen eine geringe Gebühr im Baumarkt ausgeliehen werden. Eine Spartechnik kann zudem Platz in der eigenen Wohnung oder im Keller sparen.

Spar Tipp #8: Sport an der frischen Luft

Wer hat sich nicht schon selbst mit seinem inneren schwächeren Selbst herumgeplagt und kam nicht wirklich an seinem Ziel? Im Januar wird im Allgemeinen das monatliche Abonnement mit einem Fitnessstudio aufgrund des Neujahrsvorsatzes abgeschlossen. Schon im Februar wird der Besuch weniger und die Pfunde, die Du bis zum heißen Sommer verlieren wolltest, sind mit der nicht vorhandenen Motivation noch immer vorhanden.

Warum nicht die Natur anstelle eines monatlichen Fitnessstudio-Abonnements für den Sport ausprobieren? Joggen in Parkanlagen, Liegestütze auf den Fitnesspfaden im Wald oder auf dem Rasen:

Dazu brauchen Sie kein Geld, haben sogar frische Luft und Sie können Ihre Fitness durchgängig absolvieren und müssen sich nicht an die Öffnungszeiten im Fitnessstudio halten.

Spar Tipp #9: Bücher, Zeitschriften und Wissensaneignung

Viele Magazine bieten sogenannte digitale Pässe an, die in der Regel viel günstiger sind als gedruckte Versionen. Wenn Sie klassische Bücher bevorzugen, können Sie mit einem Büchereiausweis viele Romane aus der Bibliothek ausleihen. Hierbei ist die niedrige Jahresgebühr von Vorteil. Das spart Geld. Lieben Sie ein Kindle (vielleicht lesen Sie dieses Buch ja sogar gerade darauf), gibt es bei Amazon das Programm „Amazon Umlimited". Hier finden Sie spannende Bücher zum Nulltarif.

Spar Tipp #10: Verkaufen Sie Krempel, den Sie nicht mehr brauchen

Jeden einzelnen Gegenstand, den Sie in Ihrem Eigenheim gefunden haben und nicht mehr brauchen, können Sie verkaufen. Es gibt mit Sicherheit andere Personen, die darüber sehr glücklich sind, es besitzen zu dürfen. Und Sie verdienen dabei noch Geld.

Dank verschiedener Apps können Sie Artikel in wenigen Minuten bei eBay, kleinanzeigen.de oder anderen Plattformen platzieren. Trick: Lege die angebotenen Artikel beiseite, damit diese nicht im Weg liegen. Sobald die Produkte verkauft sind, haben Sie keinen Verkaufsdruck mehr. Allerdings müssen Sie schon Geduld mitbringen. Immerhin ist es wichtig, dass Sie mit dem angebotenen Preis zufrieden sind.

Wenn Sie zum Beispiel größere Dinge wie Fahrrad oder ein Auto verkaufen möchten, brauchen Sie wertvolle Tipps, um Ihren Gewinn zu steigern.

Fazit

Warum Geld sparen? Sie müssen Ihre Sparziele kennen und einschätzen. Eines ist sicher: Sie möchten Geld sparen. Aber warum? Die Gründe für das Sparen von Geld zu kennen, ist das Wichtigste. Ein gutes Sparziel kann Sie motivieren und Ihnen dabei helfen, wenn Sie in Schwierigkeiten sind. Was ist nun Ihr Sparziel? Sparen ist ganz anders als geizig zu sein. Wenn Sie Geld sparen, werden Sie letztendlich effizienter mit Ihrem Geld umgehen. In Ihrem Alltag sparen Sie oft viel Geld, weil Sie Ihre Gewohnheit für jeden Tag erst entwickeln.

Ich hoffe, ich konnte Ihnen mit dem Buch und meinen Tipps ein wneig die Augen öffnen. Ich drücke Ihnen die Daumen, dass Sie es schaffen, die richtige Altersvorsorge zu finden und sich finanziell abzusichern oder gar finanziell „frei" zu werden.

Ihre

Johanna von Roggendoff

Haftungsausschluss

Die Umsetzung aller enthaltenen Informationen, Anleitungen und Strategien dieses Werkes erfolgt auf eigenes Risiko. Für etwaige Schäden jeglicher Art kann der Autorin aus keinem Rechtsgrund eine Haftung übernehmen. Für Schäden materieller oder ideeller Art, die durch die Nutzung oder Nichtnutzung der Informationen bzw. durch die Nutzung fehlerhafter und/oder unvollständiger Informationen verursacht wurden, sind Haftungsansprüche gegen die Autorin grundsätzlich ausgeschlossen. Ausgeschlossen sind daher auch jegliche Rechts- und Schadensersatzansprüche. Dieses Werk wurde mit größter Sorgfalt nach bestem Wissen und Gewissen erarbeitet und niedergeschrieben. Für die Aktualität, Vollständigkeit und Qualität der Informationen übernimmt die Autorin jedoch keinerlei Gewähr. Auch können Druckfehler und Falschinformationen nicht vollständig ausgeschlossen werden. Für fehlerhafte Angaben der Autorin kann keine juristische Verantwortung sowie Haftung in irgendeiner Form übernommen werden.

Urheberrecht

Alle Inhalte dieses Werkes sowie Informationen, Strategien und Tipps sind urheberrechtlich geschützt. Alle Rechte sind vorbehalten. Jeglicher Nachdruck oder jegliche Reproduktion – auch nur auszugsweise – in irgendeiner Form wie Fotokopie oder ähnlichen Verfahren, Einspeicherung, Verarbeitung, Vervielfältigung und Verbreitung mit Hilfe von elektronischen Systemen jeglicher Art (gesamt oder nur auszugsweise) ist ohne ausdrückliche schriftliche Genehmigung der Autorin strengstens untersagt. Alle Übersetzungsrechte vorbehalten. Die Inhalte dürfen keinesfalls veröffentlicht werden. Bei Missachtung behält sich die Autorin rechtliche Schritte vor.

Impressum

© Johanna von Roggendorff 2024

1. Auflage

Alle Rechte vorbehalten

Nachdruck, auch in Auszügen, nicht gestattet

Kein Teil dieses Werkes darf ohne schriftliche Genehmigung des Autors in irgendeiner Form reproduziert, vervielfältigt oder verbreitet werden

ISBN: 9798342957717

Kontakt:

Johanna von Roggendorff

Großer Hillen 26

30559 Hannover

www.ingramcontent.com/pod-product-compliance
Lightning Source LLC
Chambersburg PA
CBHW070154230526
45471CB00002B/657